向左走 向右走

邁向台灣基督教的性／別／正義

陳文珊——著

推薦序一

左與右從不是絕對

香港中文大學崇基學院神學院副教授　龔立人

左與右從不是絕對，這往往跟你用什麼角度看和如何看有關。例如，我的右可能就是你的左。又你對左撇子不順眼，認為他礙手礙腳，但我卻感受不到什麼不順眼。所以，若說左與右是關乎在兩種對立價值中擇其一時，我會說，這只是外在對個人選擇的標籤。那麼，左與右重要嗎？重要，因為他們讓我們認識不同的人和社群對社會的建構，從而我們可以自主地、瀟灑地左轉或右轉，不需被左與右的論述所主導。文珊博士的文章就反映出這份自主，不介意被歸邊，也不逃避對抗。

當文珊博士認同性少眾的權利時，很多人就標籤她為性解放者。誰不知她在〈該解放的是性，還是正義〉一文挑戰某種性解放論述。當文珊博士表達生育自主的立場時，很多人就標籤她鼓勵墮胎，誰不知她在〈台灣本土婦女神學運動的回顧與展望〉一文已反映出她早已走出簡化的二元倫理思維。又當文珊博士不掩飾地批評「信心希望聯盟」的政教不分時，很多人就標籤她為沒有信仰的基督徒。誰不知她在〈宗教，或不宗教，這成了個問題〉一文力陳宗教參與公共論域的合理性，以及基督宗教與人權的關係。以上例子反映出文珊博士自主地在左與右遊走，拒絕被定型，更不以成為中間派為目的。文珊博士作品反映出的自主成為我們的羨慕。

再細心閱讀文珊博士的作品時，我們不難發現數個主題，即如何對待「外人」和他者、真誠與批判、女人、教會與社會。文珊博士就在這四個主題中，不是不偏左右，而是不須理會左右，自主地和真誠地活出基督徒人生。肯定的，文珊博士走的方向不會是主流。雖然有點辛苦，但她卻呼吸到自由空氣。

推薦序二

文珊與我的結緣

香港中文大學崇基學院神學院兼任講師　胡露茜

文珊與我的結緣，主要因為我們對普世合一運動、女性主義神學及本土在地的性／別解放運動有著共同的關懷與承擔。

對於關心港台兩地的性／別文化生態與基督教倫理實踐的基督徒而言，這文集是極具挑戰和啟發的參考文獻。文珊以嚴謹的推論思維、敏銳的性／別觸角，以及深情的人文關懷，將一些最為教會所忽視、迴避、甚至誤判的爭議性議題，如性騷擾受害者的迷思、女性的生育自主、宗教右派的反同運動、同性婚姻立法 vs.宗教自由、國台教會在歷史上的犯錯等，做條理分明的闡釋和疏理，並透過批判性釋經，提出大膽和創新的倫理思考及神學反省。

其中特別感動我的，是文珊鍥而不捨地為推動出版高天香老師文集所付上的決心和努力，因為她認為自己做為第二代的平信徒婦女神學工作者，對這位台灣婦女神學的先驅及她對本土婦女神學運動的貢獻，理該做一個完整的回顧與前瞻。文集面世後，她坦言：「如今我們終於可以有根有據地為台灣本土婦女神學運動，描繪出清晰明確的淵遠流長。」這事充分反映文珊對歷史的尊重和先輩的禮敬！

面對目下台灣教會普遍存在的恐同文化，以及宗教右派陣營所策動的連串反同攻勢，文珊沒有退縮，亦無懼各方壓力，她批評：「基督徒不能一方面高舉宗教自由的人權大旗，另一方面，卻漠視其與政教分立與良心抉擇的歷史信仰脈絡。」

基督教單方面反對同性婚姻的立場，是不能訴諸公共理性與社會大眾對話的自圓其說。文珊指出：「在一個多元的社會中，政府的目的不在讓人得救，而在捍衛宗教自由，不同的宗教信念或生活慣習，必須依據公共理性去相互說服並制定相關政策。而這樣的公共理性最基本的底限，在於所制定的憲法，以及國家所簽定的人權公約。同性婚姻是否為憲法所保障的基本人權，才是基督徒行使公民權利應該好好反思並深究的。」

當我讀到〈該解放的是性，還是正義——回應〈性騷擾受害者的性解放〉一文〉及〈當問題成了「阿魯巴」，受害者是「葉永鋕」——社會究竟該如何規範性？權究竟是誰的？〉兩篇文章時，想起了最近網上流傳一段關於香港大學男生宿舍發生的疑似性侵事件，影片中，看見兩名學生將另一名同學強壓在床上，還有人脫下褲子及用下體打向被壓同學的臉部，而大眾似乎都想當然地將這事件標籤為同性戀行為？

其實在性別研究的論述中，一直有兩種立場迴異的聲音，主流女性主義的性別本質論認為在父權社會下將性暴力視為一般暴力事件，只會鞏固父權社會建構的兩性不平等的權力體制和文化，強化女性對男性的屈從。從後現代理論的視角則認為性騷擾需要的是性解放，所以應避免將性暴力的「性」突顯，在這性壓抑的社會氛圍下，只會延續父權文化對女性身體的操控；而性暴力的發生亦普遍存在於同性之間，尤其是男性之間；然而，發生在同性間的性侵行為，並不代表他們必然是同性戀者，一些研究發現，這些看似同志的性侵行徑實則是恐同者所為，藉此鞏固男性的霸權式陽剛氣質。[1]

非常同意文珊的觀察和提醒：「不只性侵有定義不清楚的地方，霸凌也有。……重點不是去爭議，這些受害者的『不』是不是『是』，而是建立一個清楚明確的性別平等規範。……否認受害，……只會對受害者造成二度傷害。這不但壓迫了受害者最真實的感受，同時把整個大環境『「不」就是「是」』的結構性問題給『個人化』，說成都是自己搞不清楚，而不是背後的環境或養成教育出了問題。」

《向左走向右走》最後一篇講章，文珊藉著一位同志朋友（布農族教會牧者）的死，向會眾發出沉痛的呼籲：「我不期待你們現在就對挺同或反同做出抉擇，但我期待，至少教會停止對立，停止傳遞謊言，或使用抹黑

---

[1] Kate Millett 著，宋文偉譯，《性政治》（南京：江蘇人民出版社，二〇〇〇）。

的方式，來處理同志的問題。同志基督徒，是我們的弟兄姐妹，他們就活在我們當中。」

耶穌給我們的誡命，不是去征服異己，而是愛鄰如己。做為基督的教會，我們必須反躬自問：「我是同志的鄰舍嗎？」

推薦序三

不被保守派挾持的基督徒

政治大學法學院副教授兼公法中心主任 廖元豪

身為一個基督徒、憲法學者，與致力實現社會公義的台灣人，我一直有些不解與遺憾：為什麼台灣的基督教教會，在社會議題上的觀點如此「一致」，總是與保守主義站在同一邊？當法威爾（Jerry Lamon Falwell Sr.）、葛拉翰（William Franklin "Billy" Graham, Jr.）等人的大名經常在台灣的牧師嘴裡出現時，卻鮮少聽見他們提及領導美國黑人民權運動的金恩（Dr. Martin Luther King）？而近年來，非基督徒的年輕人聽到基督教，就只知道「反同」、「萌萌」，卻不知道基督教教會在社會上做了多少慈善、救助、撫慰人心，以及追求正義的工作？

「保守」不一定是錯的，但台灣基督教教會如此欠缺既有神學理據，又鮮少與社會進步派趨勢站在一起的聲音，那就大有問題。尤其部分教會人士，一方面拿著（解讀上有爭議的）聖經話語去要求世俗立法不得承認同性婚姻；但對於現行法令政策如此欺壓窮人、移民與其他社會弱勢，不僅忘了聖經，不聞不問，還說「上帝歸上帝，凱撒歸凱撒」。這種選擇性、跳躍性的立場，對任何一個有理性有邏輯的人來說，都是難以接受的。在大專院校傳福音越來越困難，基督徒人數始終難以成長，與當代教會的欠缺反思，有密切的關係。

就我們神兒女的使命來說，當然要堅守神的話語，秉持基督的教訓。但我們到底要怎樣理解、應用數千年前由不同人在不同地方，差異極大的脈絡下所寫出來的聖經文字？這難道是輕率地說「依據文義」就能處理的嗎？我們閱讀翻譯小說，尚且要注意因翻譯而產生的落差；難道我們可以這麼相信，自己那承載文化濾鏡，無比脆弱的眼睛、腦與心靈，能夠準確無誤解讀神的意思（包括如何應用在脈絡全然不同的現代社會）？這不也是某種驕傲？基督徒如果存謙卑的心，應該也要對「自己理解真理的能力」存有多一些謙卑，不是嗎？

事實上，主流基督教教會也未必都是一致的「遵循聖經字面意義」。保羅所說的「我不許女人講道」（提摩太前書二章12節），在新教許多教派都已經運用脈絡解經的方式打破了。女性牧師與傳道人，多有所在。但在此同時，他們對同性戀與墮胎，卻仍持傳統的敵視態度，而論理依據又是「純粹文義」而已。可見真正影響教會立場的，不見得是聖經文義，而是其他（顯明或隱藏）的力量。什麼都拿神來當擋箭牌，是智識上的偷懶。

在這樣的背景下，我非常高興讀到陳文珊教授的《向左走向右走》。她在台灣主流教會被保守主義文化、男性沙文主義瀰漫而不自知的環境下，點出了另一種進步的觀察角度。她能看出當年撰寫聖經的背景、環境、需求，進而試圖「翻譯」到現代社會所需。因此她對墮胎、同志（婚姻）等議題，都試著讓基督教擺脫單一而保守的觀點。讀者未必同意她的每一個觀點，就像我們不該無條件接受任何一個牧師的證道（人不是神，千萬記得），也不需對任何一個世俗作家的文字全然買單。但陳教授打開我們的視野，讓我們（基督徒與非基督徒）看到，基督教不是只有一種立場，更不是只有保守派的觀點。二十一世紀的小基督們，不該成為某一派世俗意識型態的禁臠！相信陳文珊教授這本書，能夠讓心懷公義的進步人士，有機會愛神，也被神的愛所光照。

推薦序四

除了右派以外的基督徒選項

台北大學法律系副教授　官曉薇

因為參與性別運動的緣故，在許多戰場上，我常常與教會或基督教徒的主張相左，在思想上相互對立。另一方面，因為投入研究工作以來我研究婦女生殖權與同志人權，對於基督教的理解，主要來自於反對女性生殖權和同志婚姻的美國宗教右派（Religious Right）。因此，就我過去有限及偏頗的理解，基督教曾被我認定為一個「排拒他人」、「愛論斷」、「不寬容」，以及最重要的，是阻礙人類進步前進、阻礙人們平等幸福的宗教。

這幾年來，在經過幾次的反同婚大遊行、反同婚公投、以及反性別教育和同性婚姻的公共論辯之後，原本對基督教就不熟悉的台灣人民，確實也開始對基督教有了與我一樣的印象。尤其是在政治思想上相信包容、多元、平等及人權的進步社群中，基督教會在這些議題上的保守強硬態度，更是激起反彈。許多諷刺基督教會的漫畫，在年輕社群中以訕笑的方式廣傳，神職人員傳講神蹟的影像也被重新剪輯 remix 為饒舌歌ＭＶ。這些反彈，不僅只是因為這些反對論證往往帶著扭曲事實的陳述，最重要的是，這些帶有強烈道德譴責色彩的論述，已經與台灣多元民主的價值產生激烈的衝突。

二〇一三年十一月三十日，反同婚教會動員數十萬群眾上街頭，宣稱同性戀是罪、誓言守護異性婚姻家庭價值。遊行中反同婚方的群眾和糾察隊，與前來抗議的同志群眾發生衝突，糾察隊包圍反對者並限制其行動。基督教團體的動員固然引起了社會的注意，但接下來的幾週內，學術界（法學界、社會科學界、精神醫學界等）和專業團體（社工師、醫師、律師等）卻以極快的速度發動連署支持婚姻平權，並反對基督教會以非理性和煽動恐懼的方式來動員群眾。當自發性的連署得以迅速串連，這意謂著連署訴求內容獲致強烈的認同，對許多人來說，基督教一夕之間似乎不再是那個時時講愛、滿有恩慈的宗教。

儘管在後續的反同婚運動中，宗教性的語言和論述被刻意地掩蓋，但是基督教團體依然是最積極投入的核心成員。與民進黨長期友好的台灣基督長老教會甚至在婚姻平權法案的反遊說中，扮演關鍵性的角色。但是，基督教做為一個宗教，並不等同於這些反生殖權、反性別教育、反同婚的社會運動。是的，這些宗教右派的行動、理念、組織和遊說，其實是一種社會運動，目的在動員基督教信仰的群眾及更廣大的群眾支持特定保守的政治主張。這樣的動員使得原本避免涉入政治的宗教社群，以服事上帝的使命投入運動，並在政治上支持特定公職人員以期改變政策，甚至欲在選舉上獲得席次取得實質政治權力。為了這樣的共同目標，在台灣過去形同水火的國語教派和長老教會在這些議題之上可以相互合作，而基督教會與一貫道、統一教居然也可以同工共事。

在當前台灣多元社會，人們必然因身分或信念，對於特定的政治主張持有不同的想法，對於是否允許同性伴侶進入婚姻？同性伴侶是否能收養子女？子女教育內容是否由父母而非國家決定？這些問題即便是基督徒，也可能有不同於其所屬教會的想法。然而，當這個時代的主流基督教會將這些特定政治主張做為宗教使命，大量投入精力及資源，各教會中的基督教徒於是乎面臨艱困的選擇。當台灣主流的神學幾乎只有一種看法，那不贊成這些政治主張的教友，如何面對信仰、面對聖經和上帝？當然，有人會選擇留下但保持沉默，有人則選擇離開。不過，這樣的信仰動搖是深沉的，是屬靈的，是近乎地動山搖的信心危機。這樣普遍的信仰危機如今迫使基督教內部有許多的討論、座談，也有許多牧師和神學院學者站出來呼籲重新檢視這樣的神學主張。

其實，歷史實踐告訴我們，基督教立場並不永遠是保守的，在不同的神學詮釋和實踐之下，基督教也可能是左派、自由派或是進步的。舉例來說，對於當前的宗教右派而言，「解放」是負面用字，意味著失序和崩壞，但在一九六〇年代以降的拉丁美洲神學，「解放」則是充滿力量、使人民脫離階級禁錮獲得真正自由的意義，而拉美基督宗教也因為有了與窮人站在一起的神學詮釋，而積極投入反對專權壓迫的運動；在美國民權運動激烈衝突的時候，美國種族歧視的三K黨和馬丁路德金同樣在聖經裡尋找宗教及道德基礎，卻得出完全不同的主張和實踐；美國宗教右派支持川普

（Donald Trump），然而幾年前，美國政治主張和川普立場南轅北轍的美國總統歐巴馬卻也受到自由派教會團體的支持。

因此，將當前風起雲湧的宗教右派運動與基督信仰切割看待是重要的。我們必須明白，反同婚的基督教右派，並不等同於基督宗教，當然也不等同於所有台灣的基督教會。在此地動山搖的時刻，文珊老師這本《向左走向右走》的文集，正是給予我們重要的提醒。究竟當代台灣基督宗教應該如何看待多元價值？如何面對性少數族群的人權？如何看待世俗法律與宗教律法之間的衝突？尤其在神學上如何使寬容、公平和自由成為可能？而從國家或公共社群而言，政府又應當如何看待宗教自由？國家又應如何尊重宗教做為人民良心信念的核心價值？本書從時事和個別議題出發，帶著我們一同思辯這些重要的問題。

文珊老師一直以來勇於質問主流神學，從「女性主義神學」、「障礙神學」到「人權神學」，文珊老師的研究在主流的神學詮釋之外，早已提供了另外一種觀點，使我們了解聖經的詮釋從來不是只有一種。例如她所提倡的女性主義神學，早已在聖經文本的權威性和超越文本的基督精神之間，嘗試取得出路，而文本權威與基督核心精神，正是當下同婚議題在神學觀點的重要爭辯。文珊老師的研究多是高度爭議性的議題，如墮胎、死刑和同婚，不論是學術性的文章或是評論，抑或是神學詮釋或公共性討論，文珊老師總能與對立觀點犀利筆戰、毫無畏懼。

她的觀點在當今尤為重要，除了根本性地擾動基督教會的主流保守觀點之外，也提供了基督徒在宗教右派見解以外的重要選項。我期待本書的非基督徒讀者能夠因著文珊老師所展現的包容和公義，翻轉近幾年因為台灣宗教右派運動對基督教排拒、論斷及不寬容的根本形象。最後，我也期待讀者也能如我一樣，因著文珊老師的主張和堅持，能夠持續地相信，上帝膏立基督傳講福音，這福音是讓這世上的痛苦和束縛得到解放，使人世間「被擄的得釋放，瞎眼的得看見，讓受欺壓的得自由」，終而成就一個寬容、和平和自由的國度。

推薦序五

拒絕「從眾」的獨行俠

玄奘大學宗教與文化學系教授　**釋昭慧**

《向左走向右走》可說是一部華語世界重要的「性別神學」（而不僅是「女性神學」）專書。

作者文珊教授，不但有神學專長，而且是學思敏銳的哲學學者。對於聖經文本、主流神學與教會現況，她不只是做神學的反思，還以哲學（特別是倫理學）專業素養，就著各種向度，往復進行綿密而犀利的辨析。伴隨辨析而來的，則是真誠、正直的諫言。這些不太中聽乃至很不中聽的諫言，雖然大都針對基督宗教內部的觀念與現象而發，但對於其他宗教或無宗教信仰的讀者，也都具有「震聾發聵」的作用。因為，在「性別」方面的迷思與禁忌，久已形成普世皆然的父權文化，無論是教徒、非教徒，都應解除這些加諸女性或其他性小眾身上的禁梏。

更麻煩的是，宗教界的性別歧視，經常都藉諸聖典、天啟與先知金言。這在佛教，則名之為「聖教量」。量，即是判準；「聖教量」，是指以教典中的佛陀開示，做為真理的判準。有了「聖教量」的加持，在信仰型的佛弟子而言，其權威性自是無與倫比。因此，性別歧視的嚴重現象，基督宗教絕非特例，佛教界實不遑多讓，穆斯林社會則猶有過之。

茲依佛教為例，男尊女卑的所謂「八敬法」，自古聲稱是佛陀所制，依「聖教量」以證成性別歧視的正當性，從而建構出了一套性別尊卑的律法與禮儀。於是它在佛教社會，就形成了無所不在的「性別秩序」。隨著性別秩序在無數儀典與集會場合的反覆操作，無形中全面深化且強化了性別歧視的觀念與感情，由是產生了更多性別歧視的惡質言行。父權文化於是宛若空氣與水分，讓人無所遁逃於天地之間。因此當筆者在進行佛門女權運動時，第一步就是「直搗黃龍府」，先從聖典記載內容的相互矛盾與荒誕不經，逐一推翻它做為「佛陀教法」的真實性，其次再依於「同情共感」的良知及「離苦得樂」的效益做為判準，進行理性驗證與事實檢證，逐一挑戰這些「聖教量」及「性別秩序」在心理、倫理與社會面向的正當性。

做為一介性別神學的倡議者，文珊面對那些聲稱依於聖典或先知的父權宣告，以及「無所不在」的教會父權文化，強調所有的神學都是「文化神學」，從根源處否定有所謂「純粹客觀的、普世的、不受特定文化侷限的信仰表述」，進而忠告教友們：聖經乃至傳統神學論述，都帶有濃厚的「父權文化」色彩，不宜將文化無限上綱，做為真理的來源或判準。她明確指出，「文化文本」必須先接受「兩性正義的倫理檢測」。

怎麼進行檢測呢？她毅然宣告：「絕不可迴避聖經文本所帶來的挑戰！」必須對所有文本，進行「抵抗性的重讀」與「價值的翻轉」。本土婦女的文化神學，即須依此方式，以進行「解構」與「再建構」。她說：

「那些在旁人看來越難詮釋的經文，在我看來，卻是最直接快捷的便道，成為我磨練自己的女性主義釋經理念與方法的試金石。」

之所以會有「難詮釋」的經文，表示該段經文的內容，很難用一般人的理性與良知，來做正常、合理的解釋；這時，將經文等同「天啟」的人，往往避重就輕或曲意迴護。但是文珊則不然，她直下將這些經文視作「文化文本」，用來做為「父權文化」對文本影響的鐵證。

或許這就是文珊與我，宛若在宇宙時空的不同軌道上，竟然可以密切交集而且惺惺相惜的原因——我們在宗教性別問題上，都曾各自奮鬥，並無事前默契，然而事後回顧發現：兩人的思維邏輯與使用手法，竟然如此地雷同！

「應該要向左走，還是要向右走？」文珊在本書之中，並不想提供「懶人包」式的「標準答案」。她既然對先知語言，不惜進行「抵抗性的重讀」與「價值的翻轉」，那麼她當然不會自己跳進去扮演「下指導棋」的先知角色。她只是建議吾人（包括她自己）：

「要抗拒文化在我們社會化過程中，書寫在心靈白板上的自動程式，我們需要批判性思考，甚至需要保持一點情緒距離，不那麼快就做出本能的反應。」

這樣大剌剌把聖典從雲端的神聖高度，拉到「審視文化」的明鏡台前，即便不是「前無古人」，也絕非「教會主流」。如此拒絕「從眾」的特立獨行，可想而知，很有可能如筆者過往一般，面對排山倒海的風暴。

然而智者無怨，仁者無憂，勇者無懼。面對此諸風暴，文珊必會昂然面對，灑然釋懷！謹書此序，用表讚佩，並互勉焉！

自序

玉山神學院助理教授　陳文珊

不是我要研究性少眾的議題，是性少眾的議題找上我。

早在二〇〇一年，當我出第一本談基督宗教如何看死刑的書時，「信望愛全球資訊網」轉來一封讀者的來信，問我既然這樣看待死刑，會如何處理同志的議題。我當時並沒有回這封讀者來函，很驚訝死刑到底如何讓他聯想到同志議題。

之後，第一次在玉山神學院演講，使用阿美族原住民盲婦娥莎璞的故事，開始走上本土婦女神學的旅程時，又有一位聽眾提問，問我從性別正義的角度如何看待變性的課題。我那時對這方面的議題並沒有深入的研究，只簡單地以尊重個人自決及性別人權的角度做了回應。

那時我總不覺得這是我的議題，總認為這合該是同志或性少眾基督徒才應該或有資格發言的事。

是在二〇〇五年，一位布農族的年輕牧者改變了我的看法。當我誤打誤撞隨口道出他的同志身分，甚至在晚上作異夢，指認出他伴侶的聖職身分時，他徹底地向我出櫃。那是一個長長的夜晚，他從自己高中時的遭遇講起，一路提到自己數段感情中的掙扎。是在彼此各自經歷的孤單與痛苦中，一個異性戀女性，始得以和一個同性戀男性的心靈相遇。他是我的知交，我在病痛長期折磨中的情感倚靠。我們傾聽對方在電話的那端，傷心到號淘大哭的聲音，也會在沮喪時，開著對方的玩笑，來振奮精神。吵架有時，但各自生氣個幾天之後，也總會和好。他帶給我的生命禮物便是：「跟他在一起，我總是可以開心做自己，並且學著做一個更好的自己，學著去寬容別人，學著去體諒別人，學著遇事勇敢而不自憐。」

如果他不是同志，如果他也能成家，或許沒有那個美國時間可以分心來扶助我。他送給我的最後也是最大的一份祝福，發生在他過世的那一晚。

我經歷了某種神秘經驗，就像年幼的撒母耳接受上帝的呼召一樣。至今，我仍無法參透其中的奧秘。然而，就像是黑夜中的一盞燭光，光線再幽微，也能帶給行路者走下去的盼望。我向自己許諾，從此不管多挫折多絕望，都要努力好好活著，不只為自己，更要替他活那一份。

十年多過去了，我還在努力著之前他沒有機會達成的夢想，試著補足他生命中的遺憾，實現那些我們曾提過卻沒有機會一起去實踐的計劃。與他生命的交會，讓我確信，上帝愛同志就如同愛我一樣。我再沒看過比他更像「為羊捨命的好牧人」的牧師。是他，開啟了我做性別神學的一扇窗，豐富了我對同志基督徒的同情共理，提醒自己，要學著用更廣寬的心胸去看待人生。

二〇一五年年底，當反同的基督教聲音甚囂塵上時，我成立了「宗教右派讀書會」臉書專頁，想為他，為我當年的遺憾，為之後我認識的同志弟兄姐妹們做一點事。做為第一代沒有教會家族背景的平信徒，我並不天真，知道自己會面對什麼排山倒海的壓力，那些來自教會內無可避免的排擠與打壓。但我堅信知識就是力量，愚公可以移山，之後連著每學期舉辦講座和研討會。這期間，那些反同的，不是沒有過威脅，說要來拉白布條抗議。也不是沒有過恐嚇，在我的臉書上留言，叫我去死的，大有人在。也碰到一些教會內挺同的、見不得我好的，批評我，認為我是在利用同志的議題，搶風頭，爭舞台，用罕見的、難聽的話罵我。也遇過不敢出櫃的學生，迫於族群的壓力，在課堂上公開質疑挑戰我的神學立場的。

藉著祈禱，我把這一切交託給上主，交給我這位在天上的好友。學著用更強大的內心力量，來對抗外界接踵而至的壓迫。用等待，來護持我心底微小的聲音。多年來學不會的信仰功課，「你們得救在於回歸安息，得力在於平靜安穩」，現在的我如同嬰孩般，開始蹣跚上路。不時有朋友問，我在花蓮可好？我總是回答他們：「謝謝關心，我都好，上主特別恩待軟弱小信的我，讓我心裡沒有懼怕。」

這本小書收集了不少分散在各個不同刊物的文章，主題看似多元，其實都關乎一個核心議題：到底基督徒該如何建構公共神學，參與政治等公領域的討論？死刑、修復式正義、殘障、婦女、宗教改革，乃至於婚姻平權的各個議題，都是環繞著這個核心的關切而展開的。過去這些年所有議題的神學之旅，促成我起草了〈宗教界支持同性婚姻立法之聲明文〉，邀集到一群師友共同發起網路連署。

有不少挺同的教會朋友質疑我在聲明文中提到政教分離，在他們看來，基督徒不論挺同或反同的，都是有著相同的對政治和社會的關懷，差別只在於，大家對於同志的聖經詮釋和信仰體會有所不同。

我的回應都是：「我與那些萌萌們才不一樣！我從來不認為基督徒的公共參與，可以直接搬聖經出來。宗教信念當然可以是公共理性的基礎，但必須言之有據，基督徒必須證明自己具備公共討論的能力。對內部信仰社群的教導，與對外部非基督徒的論述，依據的是不同的原則，一是聖經，一是憲法及人權公約，把聖經抽離上下文脈和歷史處境，直接拿來『點對點』地運用在公共議題上，是完全去脈絡化的作法，是要不得的。」

我採取的策略與另一些挺同的牧者相左，我選擇不從酷兒聖經詮釋開始立論，這不代表酷兒釋經不重要，但我不認為那是最為首要的。在一個基督信徒不到百分之五的多元台灣文化處境中，最重要的，是找出不同立場在公共政策制定上的最大公約數，而這必須是既符合信仰又符合建基在社會契約論上的憲政國家的。所以，我花大力氣的所在，不在證成酷兒釋經，而在說明基督徒從信仰的立場如何可以接受一個世俗政府基於人人平等及人權保障所制定的公共政策。

我不完美，想法也不可能完美，但願將這本書獻給上主和我在天上的朋友，更期望，上主能夠使用它，藉此能夠讓更多基督徒或牧長，願意真正落實「愛人如己」的誡命，打開心胸，接納那些基督業已為他們死如同為我們死一般的同志朋友。

目次

第一部　向左走向右走

第二部　生命自有其道

第三部　雜記

附錄

第一部

向左走
向右走

該解放的是性，還是正義
——回應〈性騷擾受害者的性解放〉一文

從二〇一〇年起，台灣經歷了一波又一波受害者權利意識覺醒的司法改革潮流，「受害者」不再意味著權益受到侵害，無助被動、需要幫助的可憐人，相反地，他們如同電影中的蝙蝠俠或貓女，因著受害經驗經歷了變身，從可憐兮兮的歹命人轉成為主動爭取受害者法律權利落實的社會運動鬥士。

環繞著「受害者」新身分的出現，有了新的社會互動倫理，每逢刑案新聞爆出，最常聽到的是「不能強迫受害者原諒」；遇到刑法條文的增修，最常被提及的論點便是「只有受害者有權說話」。

在台灣沒有哪個案件的受害者，曾被要求進行再教育，認為他／她們的「受傷害」經驗絕大部分是被社會建構出來的，所以他／她們必須自我解構，以獲得真正的平反。獨獨性騷擾案件是個例外。

按日前在臉書上瘋狂轉載的〈性騷擾受害者的性解放〉一文，為了追求性解放，受害者必須進行自我再教育，「把自己經驗的複雜度與社會脈絡攤開，拒絕那些強加於己身的、連同溫暖同情與關愛保護而來的污名，要求得到真正的平反。」

讓人不解的是，建構論的適用範圍不單在性騷擾、性侵害，解放也可以不是用在性事上。我們為什麼不去教育遭到偷竊的人，被毆傷的人，家人遭殺害的人，四大皆空？

一個可能的答案是，該文作者王顥中以為，「性騷擾」主要是依據保守的性別意識及性道德所建構出來的，而這是要不得的、具有壓迫性的結構。為此，作者才會在文章中建議，被性騷擾者的真正解脫之道，就是要拒絕把性看得很重要，而且「越是極端的保護（包含各種防止『性傷害』之措施），就越是強化『性』的特殊、珍稀，更強化『受害者』所受之『傷害』」。長此以往，「只會慣性地生產出更高強度的傷害性，並且預演出下一位可能的『受害者』」。

作者的論點，有幾點值得商榷。首先，性騷擾違反的是性自主，不是性道德。性自主是人身自主權的一部分，如果一個人連 autonomy 都不重要，那真的不知道還有什麼是重要的。這跟保守的性道德，把性看得比天還大，根本是兩回事。即便性道德再開放的性工作者，也有自己的自主權，也可以在公車上大喊色狼！

在一個婚前性行為已經越來越開放的台灣社會，受害者不再是之前的受害者，受害者心裡想的不是過去的「社會會把我看成萬劫不復，被奪去了一輩子無法復原的那個『』的可憐蟲」，而是「你根本不是我的菜，我就已經不爽了，你還來動手動口幹嘛？誰立你做先知，來開發我的性想像？」

連帶地，在禁忌接連遭打破的多元社會中，有關於性解放的可能想像，也不該再侷限在「開放與保守」的二元對立框架下來理解。性解放應該打倒的，是任何對於性道德論述的獨斷與霸權，容許多元的性道德價值觀並存。

多元的性道德觀，包不包括傳統守舊的那種？包括。如果有受害者選擇守貞，把自己的性看得很珍貴，他人是無從置喙的。至於這樣的性道德是否就會讓受害者活得很不健康，自我厭棄，甚至覺得自己很髒？這必須要回到各自的脈絡去看，在某些宗教中，伴隨著這種守貞的性道德，往往有相對應的救贖之路。這不是法律該去插手的事。

這樣分析下來，如果誠如作者所言，陳為廷的「性騷擾」事件，突顯了這個社會對「性政治」的認識竟仍極其淺薄，作者對「性政治」的理解，恐怕也難免有些過時、抽離事件脈絡的缺失。

這或許與作者如何切入陳為廷案件來談性騷擾有關。作者大篇幅地敘述自己的經驗，未經反省地把它建構成性騷擾案件通則，連帶使得他的受害者性解放建言顯得荒腔走板。真實的情況是，由於性騷擾案舉證的困難，以及進入司法流程的曠日費時，大多受害者選擇和解，而不會告到底，甚至不會去報警。成案的，發生在陌生人中間，多半有明確的行為；發生在熟人中，會鬧到報官，多半不是一次的讓人不舒服，能避開的，多會先避開，能用語言溝通的，多半能用語言先溝通。不論是在哪種情況，都有明顯違犯他人意志的構成要件，這不是試探性的追求，不巧沒弄清楚對方身體界限的問題。

若不是作者以己度人的立論，一開始就弄錯重點，通篇在打稻草人，否則我們不能理解，其「要求受害者拒絕旁人的溫暖同情，靠自己」的打高空論調是從哪裡推衍出來的。按照其「越保護，越受傷」的性解放邏輯，性騷擾受害者的解放之路，竟然不是一個更安全的社會，而是受害者的自我教育。所以，女性坐在公車上睡著，卻不幸被人掐住胸部，她該做的事情不是要求一個更安全的乘車環境，反而是自我教育「這沒什麼大不了，只是胸部被掐住而已」。

識者不禁會問，當解放是這個意義時，解放究竟有什麼意義？性騷擾的受害者需要解放的，究竟是性，還是正義？

（二〇一四年十二月卅一日完稿發表於個人臉書）

台灣本土婦女神學運動的回顧與展望

前言

「我個人做為一個旁觀者（因為我非牧職者，亦非婦女組織成員），覺得大家對兩性平等的緩慢進展，甚至停滯不前，不夠警覺，對婦女神學或婦女運動也不再感到新鮮。」[一] 這是台灣婦女神學的先驅高天香女士在一九九八年〈台灣婦女神學的出路——女性觀點〉一文中所指出的婦女神學運動的困境。

高天香女士一九八七年還在香港的時候，台北婦女展業中心便邀請她回台做婦女神學的演講，那是台灣第一次有婦女神學的講座。從那之後，長老教會總會的婦女事工委員會幹事，開始積極在全台成立幾個婦女工作

一 高天香著，周淑玲主編，《推倒隔絕的牆：婦女神學家高天香教授的生命篇章》（台北：台灣神學院出版社，二〇〇八），頁二三七。

室，並舉辦進修會。時間點剛好銜接上一九八八—一九九七年間，普世教會協會所設定的「教會與婦女團結十年」方案。這項方案的宗旨是希望屬下成員教會能夠扮演積極的角色，來促進教會及 社會兩性間的平等與正義。

十年的努力，應該換來的是婦女神學運動的欣欣向榮。更何況，高天香女士之後也返國任教，理應培育出第一批投入運動的年青的婦女神學家，相關的論文及研究會成果亦應該頗豐。

但她卻在這個時候指稱本土婦女神學運動出現了停滯,「婦女神學在教會內出現了停滯不前的現象」，原因還不在於教會內部父權勢力的反撲，而更多是「或許大家多從個人的層次來看這些問題，而不是從教會或社會整體的層次來思考」。[二]

針對這樣的「一種墮性」，高天香一方面重新界定婦女神學的目的及

二 高天香，ibid，頁二三七。

性質，係「以婦女受壓迫的經驗，做為神學反省的素材」，來思考建立兩性間符合上帝旨意的平等夥伴關係，並不是教會女性的「自強活動」，只關乎婦女的事，而是兩性都需要去探討學習的，是關乎福音本質與教會使命的。另一方面，她建議，要在起步相對於歐美較晚的「台灣處境中做婦女神學」，教會婦女應該與其他婦女團結起來，從人性的尊嚴及福音的要求為出發點，來重建台灣社會，恢復人應具有的人性，國家民族應有的自我認同，因為「婦女神學不僅要為教會來服事，也要為重建社會來服事」。[三]

高天香女士做為一個平信徒，說自己在台灣婦女神學運動上是一名「旁觀者」，是太過自謙。她曾多次代表台灣基督長老教會出席普世婦女會議，並且著述不倦，發表在《台灣教會公報》、《新使者雜誌》、《婦女生涯期刊》、《方向雜誌》等刊物。特別是在一九九〇年初天主教尚無人可以教授婦女神學時，她更分別受台灣天主教胚芽婦女關懷協會、台灣男女修會會長聯

[三] 高天香，ibid，頁二三八—二三九。

合會之邀[四]，引介相關思想。

很可惜，這位台灣婦女神學的先驅，於二〇〇〇年因為罹病，從台神教職退休。阿茲海默症摧毀了一位有著先知卓見的女性。她不再記得自己念茲在茲的本土婦女神學運動。但我們卻記得她，甚至在她業已過世的今日，仍追憶著台灣教會曾經有過的一塊瑰寶。

我本人並非她的門生，但卻曾在擔任《台灣教會公報》記者時，親炙過她的文采，也約莫在高天香著述言及婦女神學運動停滯的那個時間點，默默開展了我自己的本土婦女神學旅程。二〇〇〇年，對我而言，亦是人生的一個重要分水嶺，我開始在台灣的處境、用台灣婦女的經驗做神學，閱讀、寫作並出版，好為自己的生命留下見證。[五]在寫作出版的過程中，時不

四 高天香，ibid，頁九一。

五 編著有《基督宗教死刑議題研究》（2001）、《台灣本土婦女神學初探》（2002）、《本土婦女神學面面觀》（2003）、《非非反叛》（2005）、《申命記新詮》（2006）、《女生‧女聲》（2007）、《惟願以此女兒之身》（2008）、《神學的殘障與殘障的神學》（2009）、《也是

時，我會讀到高天香女士的文章，並遺憾她的文章散落，未曾出版過專書。

所幸，在高天香的學生周淑玲牧師短期就讀台南神學院時，因緣際會，我們結識並屢屢向她提及台灣神學院應該出版高天香老師文集一事，並表示如果有需要的話，願意從旁協助，但「高天香老師是台神人，這件事情理應由台灣神學院的學生來做」。在上帝的帶領幫助下，二〇〇八年，《推倒隔絕的牆：婦女神學家高天香的生命篇章》上下冊終於問世。如今我們終於可以有根有據地為台灣本土婦女神學運動，描繪出清晰明確的淵遠流長。

在立教一百五十週年的此刻，做為第二代的平信徒婦女神學工作者，對先輩、對本土婦女神學運動理該做一個完整的回顧與前瞻。而向這位第一代本土婦女神學家高天香致敬的最好作法，或許，便是如她所言的，用筆和生命來見證婦女經驗的傳承與發展，促成婦女神學在教會內的主流化。

越界》（2009）、《基督宗教與修復式正義》（2010）、《當修復作為一種正義》（2014）、《基督宗教與死刑之錯綜複雜的迷宮地圖》（2016）等書。

因此，本文擬針對高天香二〇〇〇年離開台灣神學院後的一些值得關注的本土婦女議題，來比較先後二代婦女神學運動的平信徒如何越發紮根在台灣的實況處境中，勇於從婦女的角度來做神學。

女權如何是人權

人人都記得，一九九五年希拉蕊・柯林頓以美國第一夫人身分，赴北京參加第四屆聯合國世界婦女大會，發表了著名的「女權即人權、人權即女權」的演講。在那次大會通過的「北京宣言與行動綱要」中（Beijing Declaration and Platform for Action），首次明確將「女權即人權」定調在相關人權文獻中。

其實，高天香亦早在一九七五年聯合國第一次召開世界婦女大會，確定該年為「國際婦女年」時，便已發表了〈女權運動管見〉一文，明白表示女權運動不該淪為兩性之爭，「女權運動所要爭取的是女性天賦的人權，

是每一個人與生俱來與其他人有平等地位的權利」。[六]

平等做為一種價值理念，並不意味著女性得像個男人，才可以獲得平等待遇與人性尊嚴，而是要去除社會因襲已久的性別成見束縛。然而，這樣的平等，要體現在法律革新上，卻有著漫長的路要走。其中討論得最為沸沸揚揚的，包括了生育自主權的議題。

高天香自己並非醫學或生命倫理學背景出身，但站在維護女權的立場上，很早便關注這議題，特別摘譯了美國公共衛生法教授阿納斯（George J. Annas）討論胚胎生命權與婦女人身自主權爭議的文章。

〈生命的尊嚴——一個真實故事引起的震撼〉（She's Going to Die: The Case of Angela C）敘述了一位二十八歲C女士的遭遇。[七] C女士從十三歲起便罹癌，但後來成功控制住，順利找到人生的伴侶。結婚後，像大多數

六 高天香，ibid，頁四二四。

七 高天香，Ibid，頁四六三—四六七。

人一樣，她也有了懷孕的渴望。當她確認在懷孕前二年，病情已緩和下來，便大膽開始計劃受孕，也成功了。但妊娠第二十五週，妊娠中期，她的肺部發現腫瘤，於是引發了「胎兒生命權」與「病人人身自主權」的醫療倫理爭議。

或許此刻的她了悟了生死無常，不願意開刀取出胎兒。但醫生卻認為，在病危時，胎兒生命凌駕於母親意志之上。為了解決醫病之間意見不合且僵持不下的局面，醫院把病人及其家屬一狀告上了法院，要求法官裁決「是否應違反病人及家人意願搶救胎兒生命」的問題。

代表病人權益的律師主張，「如果在病人極端衰弱的現況做剖腹手術，將會置她於死，因此不能同意」。但主張胎兒有生命權的控方律師卻主張，「國家應有責任從垂死的母親救出一個潛在的生命」。法院最後根據病人只有二十四到四十八小時的生命，胎兒比母親有更大的生存機會，同意違反病人自主意願動手術取出胎兒。故事的結局是悲劇，胎兒沒有活下來，母親也於手術後二天死亡。

沒有法庭會強制父親接受手術來救治兒子性命，但這個法庭的判決卻錯誤地假定胎兒擁有生命權，而視臨終的母親宛如死亡，自動喪失憲法所賦予的人權，違反她的意願，貶低她的人性尊嚴，強行動手術，好似母體只是一個容器般。

今人遺憾的是，唯父夫子為重的父權思維，不僅橫貫古今，還可以跨越東西。高天香的這篇譯文，不幸預示了從一九九八—二〇〇八年間台灣婦女團體在近十年推動《生育保健法》修法過程中，所將遭遇到來自基督宗教為首的父權宗教團體的打壓與反挫。八

八 這十年間從教會內到教會外有諸多爭議。隨著 RU486 的引進，九月墮胎潮的出現，台灣宗教界與婦權團間產生諸多意見衝突。有興趣者可參考：網氏／罔市女性電子報，〈RU486 上市爭議〉，http://www.frontier.org.tw/bongchhi/archives/992；女書沙龍部落格，〈生育保健法的性別與政治之戰，「我們需要怎樣的生育保健法？」全文〉，http://reader.roodo.com/fembooks/archives/2439918.html；婦女新知基金會電子報，〈女性權益，我們倡議〉，http://www.awakening.org.tw/chhtml/epaper_view.asp?id=175；和鄧衍森等人，〈法律與人權——兩性平等之迷思與對話〉，http://r.search.yahoo.com/_ylt=A8tUwZdfiKZXXzwARVlr1gt.;_ylu=X3oDMTEybTdiOWFnBGNvbG8DdHcxBHBvcwMzBHZ0aWQDQTAyNDJfMQRzZWMDc3I-/RV=2/RE=1470560479/RO=10/RU=http%3a%2f%2fwww.hrp.scu.edu.tw%2fuserfiles%2fdoc%2fSexalTreatment.doc/RK=0/RS=N2sXJXekMiMQPpZaSKTisvZkPrs-

這一場由台灣天主教、基督教及各宗教團體促發的女權與信仰之爭，催生了台灣宗教本土保守衛道人士的串連與集結。二〇〇二年「尊重生命大聯盟」成立，開始積極透過遊說、動員並參與修法的政治作為，企圖限縮婦女團體努力多年好不容易爭取到的人工流產的權利。這個堪稱第一個本土宗教右派的運動，初期由天主教輔仁大學神學院生命倫理研究中心領軍，不僅寄送譯自國外的《殘蝕的理性》ＶＣＤ給各界，並透過「生命教育」課程在各級國高中學校推動貞潔運動、真愛運動，以杜絕所謂的「九月墮胎潮」。在日後諸次宗教信仰與社會性別平權運動的對遇上，像是性傾向歧視法立法、同性婚姻平權、性別平等教育等議題上，「尊重生命大聯盟」都扮演了一定的重要角色。[九]

九 天主教輔仁大學生命倫理研究中心、尊重生命全民運動大聯盟，〈救助胎兒、維護生命〉，http://www.catholic.org.tw/theology/klife/index.php；貞潔藍圖電子報，〈宗教界「拒絕」投票運動〉，http://www.catholic.org.tw/theology/prochastity/e-paper/2010/09/004.html；台灣性別人權協會，性傾向納入就業服務法保障《聲明及連署書》，http://gsrat.net/library/lib_post.php?pdata_id=182；陳青龍，〈給生命一個機會——為減少墮胎所做的努力〉，http://www.hongshi.org.tw/writings.aspx?code=3595FAF7DBAF6877E1740FE5314F089C

要了解人工流產的爭議，必須追溯到天主教有關於胚胎道德地位的相關教導，而那正是我在就讀博士學位前後一直奮戰的課題。

一九八七年羅馬天主教信理部《生命祭》(*Donum Vitae*)宣稱，「人類必須得到尊嚴，即得到做為人的尊嚴，這種尊敬是從其存在第一刻即開始的。」[十]文中，又引用一九七四年「關於施行墮胎的宣言」(**Declaration on Procured Abortion**)做為上述賦予人類胚胎全部道德尊嚴及權益的佐證，強調「從卵子受精那一刻開始，一個新的生命就存在，他（她）既不屬於父親，也不屬於母親；他是一個有其自己生命的獨立個人。假如他還不是人，那麼他就永遠不可能是人。現代基因學……為這一事實提供了有價值的證據，科學已經證明，生命的程序從第一刻起就確定了，那就是這個生命體要發育成為一個人，一個已經被決定了必然具有人類種種特徵的獨立的個體。從受精之始，人類生命之旅就開始了……。」[十一]很明顯地，這是一種

[十] Congregation for the Doctrine of the Faith, 〈Donum Vitae〉, http://www.catholicdoors.com/misc/marriage/cdfdv.htm

[十一] Vatican〈Declaration on Procured Abortion〉, http://www.vatican.va/roman_curia/congregations/cfaith/documents/rc_con_cfaith_doc_19741118_declaration-abortion_en.html

本質論的進路，訴諸的是基因學的研究成果，認為基因是本「生命之書」（book of life），所有後期的發展都俱足在基因中了。但這種看法，在生命倫理學的領域中，不單不是唯一的見解，且本身是大有問題的。

本質論預設了太多亞里士多德形上學的見解，像是潛能與實現說，並且藉著異文合併，與當代基因學過於簡化的看法相結合。凡此種種已在學界引起熱議，特別是受到功能論、女性主義生命倫理學的多所批判。簡言之，反對者主張，母親並非「承載的容器」，母胎關係在妊娠的不同階段，具有不同的重要性，因之，早期的胚胎與較晚期的胎兒理應被賦予不同的道德地位。而這樣的思想並不是什麼新東西，在教會傳統中其實早就已經存在[十二]，但如今藉由胚胎的演化理論，發展出遠較「尊重生命大聯盟」更切合最新科學研究、更順應兩性平權的潮流、亦頗具說服力的論述。

根據胚胎演化方面的發現，胚胎在發展過程的初期可能分裂成雙／多

十二 參見陳文珊，〈墮胎？不墮胎！墮胎！不墮胎？〉，《台灣本土婦女神學初探》（2002），頁一四三—一五四。

胞胎，之後更可能再融合成為連體嬰，更甚者，其中一者被另一者消融成為身體的一部分。而且在胚胎發育的過程中，母親的荷爾蒙及其他周遭環境因素可以影響到胚胎諸多方面的發育，以致於出現基因男性但生理女性，或基因女性卻生理男性，乃至於同時擁有雙性性徵者的存在。

承上所述，基督教會實有必要重新省思相關尊重生命源起的教導。無奈，這樣的個人研究成果，後來在教會內，卻屢遭男性牧長和教會領袖的抹黑與打壓，認為我不尊重生命、有鼓吹墮胎之嫌，甚至以我支持廢除死刑卻反對墮胎非法化，是立場不一致的。[十三]

在長達十年與婦女生育自主議題搏鬥的過程中，我開始體認到，生育自主的議題必須進一步放在更大範圍的性別文化脈絡來省視。誠如不少女性主義關懷倫理學家所指出的，婦女由於傳統文化的養成，往往採取更為

十三　參見陳文珊，〈墮胎倫理的爭議〉，《非非反叛》（2005），頁六七——一一二；以及〈論胚胎是否具有生命權〉、〈從科學怪人到姐姐的守護者——從女性主義生命倫理學淺談生殖科技與婦女生育自主〉，《惟願以此女兒之身》（2008），頁一五——三六。

脈絡化、處境化的方式來思考，這樣的差異不僅顛覆了男性中心所謂的理性（reason）、自主（autonomy）的概念，更有助於我們以更務實的方式來思考倫理問題的解決之道。而這引導我不只專注在所謂的「婦女」問題上，而試圖發展各式各樣具本土婦女解放視野的文化神學。在這時候，我讀到了韓國婦女神學家鄭景妍（Chung Hyun Kyung）的作品。多年後，透過鄭景妍，我重新體認了高天香的先知先覺。

性別，做為神學建構的理性與經驗依據

台灣婦女團體多年來的一個運動策略便是透過修法，來落實兩性平權的社會，並促進性別平等的價值。從一九九六年《民法親屬編》的修訂，一九九七年通過的《性侵害犯罪防治法》，一九九八年的《家庭暴力防治法》，打破「法不入家門」的成習，到一九九九年增訂刑法中「妨害性自主」罪章，納入「性侵害」與「性自主」之概念，再之後，二〇〇二年通過《兩性平等工作法》（後於二〇〇八年因為性別多樣化更名為《性別平等工作法》），到二〇〇四年更頒行全世界第一個《性別平等教育法》，並在二〇〇

五年的《性騷擾防治法》中引入「性騷擾」的概念。

法律的確是重塑社會價值的一個利器，但做為第二代的平信徒婦女神學工作者，我認為宗教內部的信仰更新，乃至於對於社會發生教化的作用，是社會文化改造與深化歷程中所不可或缺的。因而，我嘗試將平權的理念運用在信仰的反思與建構中，並且在〈壞女孩、瘋女人和女鬼傳說——一個女性主義的文化神學〉[十四]和〈從身體作為一種抽象的哲學建構，到活生生的女體——書評《像女孩一樣丟球》〉[十五]，以及〈台灣文學中的性別救贖〉[十六]和〈從兩個婦人的死亡事件談婦女教會歷史的可能性——試評《公主之死》與《婦人王氏之死》〉[十七]中，特別取徑「從邊緣到中心」的進路。

十四 陳文珊，〈壞女孩、瘋女人和女鬼傳說——一個女性主義的文化神學〉，《本土婦女神學面面觀》（2003），頁二七—四二。

十五 陳文珊，〈從身體作為一種抽象的哲學建構，到活生生的女體——書評《像女孩一樣丟球》〉，《惟願以此女兒之身》（2008），頁一五一—一五六。

十六 陳文珊，〈台灣文學中的性別救贖〉，《非非反叛》（2005），頁一—一〇。

十七 陳文珊，〈從兩個婦人的死亡事件談婦女教會歷史的可能性——試評《公主之死》與《婦人王氏之死》〉，《女生．女聲》（2007）。

在這些篇章中，我指出，由於在性別主義的主流文化中，關於性別角色好與壞的道德輿論，往往只是單方面由有權有勢的當局，主要以男性為中心，也為了服務男性來制定，進而操弄的。於是，那些堅持不肯妥協的婦女們，或是淪為鄉里街坊口中的壞女孩，或是以顛狂來反抗、嘲弄加諸於她們身上的壓迫，或是在逾越了父權禮教的疆界後，遭遇不幸，成為傳說故事中無主的冤魂，不時來到人間作祟，向這個不義的社會結構追討公道。

而父權加諸女性的諸種道德宰制，主要是藉由對外在身體的規訓與懲誡來進一步內化的。是以，根據女性主義身體現象學，女性身體的制約發生在幼童時期，且一到青春期，身體因著性別化而遭受的控管，就更加明顯。所以，當男人在成長過程中發覺自己的身體是探索世界、建構社會認同的利器同時，女人卻發現她的敵人就是她自己，她的身體是危險物，需要嚴加控管。於是乎，性騷擾、性暴力的受害者（不論是家庭暴力或是受到陌生人的攻擊）學會的第一件事是怪自己。而這是「在男性對女性情慾的重重迷思，把侵佔女體當作一展雄風的社會制約下形成的」，最終「性犯

罪受害者失去的不只是肉體，不只是自尊，更是她的社會關係」。[十八]

在過度「保護」底下長大的婦女，被期望表現得順服、節制、沉靜，如有激烈的情緒反應，或強烈的自我主張，或不符合社會期待的表現，則常常動輒被視「病態化」，送進瘋人院，統稱之為「歇斯底里」（hysteria）。「歇斯底里」這個詞本源自於希臘文「子宮」（hyster）這個字，在十九世紀，它被視作是女性心理失常的典型（archetype），跟女性特殊的生理結構有關，是只有女人才會犯的疾病。

嚴格說起來，這其實是一種集體性的社會拘禁，像是生活在白色恐怖時期一樣，無怪乎如同一些社會研究報告所指出的，女孩子的自信心從青春期開始下滑，與男女學生小學階段不相上下的情況，有著明顯的落差。生活在暴力、歧視下的社會中，婦女如同很多深受種族歧視的黑人男性，往往有著自我認同的心理危機。

[十八] 陳文珊，〈阿美族盲婦娥莎璞的故事神學〉，《台灣本土婦女神學初探》（2002），頁九三。

既是受害者亦是反抗者的瘋女人，於是成為那些企圖突破社會性別刻板窠臼的女性的自我隱喻。女性作家吉爾曼（Charlotte Perkins Gilman）在《黃色壁紙》（*The Yellow Wall-Paper*）中，以房間壁紙來比喻監禁她的社會：「那兒滿地都是爬行的女人，她們爬得那麼快。我懷疑她們是否跟我一樣，全都從壁紙跑出來的？」連現代推崇的偉大護士先驅南丁格爾，都曾經這樣描述女人：「被她們好心的親人關起來，不給她們自由。事實上，在每一個家庭中，你都可以看到兩三個看守和一個瘋子。」

在同樣受儒家文化浸淫的韓國，相類似的女鬼傳說亦充斥在民間的撒滿教中。撒滿教的祭司、參與者或信眾絕大多數是女性；連鬼故事傳說的主角也泰半是女性，由於她們在世的一生遭遇太過悽慘，因此在人間流連不去，想要尋求機會報復或宣洩。「這些惡女傳奇，原不過是『性政治』的文化文本，原本都旨在達到一種『內部殖民』的效果。經由教育、宗教、神話、政治及經濟等社會機制讓對婦女的歧視被內化、深層意識化，以致

於連婦女都有壓女症心理」。[十九]

而能帶來解放的神學必須一方面肯認，所有的神學，包括婦女神學在內，本身就是文化神學，否定有所謂純粹客觀的、普世的、不受特定文化侷限的信仰表述，進而批判聖經乃至傳統神學論述都帶有濃厚的父權文化色彩；另一方面，亦需謹慎提防把文化無限上綱、不加思辨地做為真理的來源或判準的作法。沒有任何文化可以犧牲婦女尊嚴與自主來取得正當性。文化文本做為一個具有高度性別政治意涵的意識型態媒介，必須先接受兩性正義的倫理檢測。

在我看來，本土婦女的文化神學理應具有解構、再建構的雙重作用，其首要之務在於：按著這些婦女的本貌接納她們，讓這些被噤聲的婦女為自己說話；接下來，則要分析並解構父權文化及神學究竟是如何去論述，乃至魔化這些負面的婦女形象的，進而批判其論述背後的意識型態機制。

十九 陳文珊，〈台灣文學中的性別救贖〉，頁九。

最後，還必須透過神學富創造性的想像，去設想一個具兩性正義的、富自我批判精神、積極開放的信仰社群，依此做為重構並評價文化神學是否充分且完備（adequate and complete）的基準。

總結來說，唯有透過對所有文本進行抵抗性的重讀與價值的翻轉，強調從邊緣來做婦女文化神學，打破父權傳統「好女人 vs.壞女人」的二元思維，才能開展出本土婦女神學的救贖之路。

雖說這樣的文化神學不必侷限在聖經文本中，但卻絕不可迴避聖經文本所帶來的挑戰。而對一個平信徒而言，在沒有正式神學的文憑、一切全靠自學的情況下，如何突破教會內的教階偏見，取得聖經詮釋的發言權，關乎的不只是神學詮釋，更涉及論述策略的抉擇。因而那些在旁人看來越難詮釋的經文，在我看來，卻是最直接快捷的便道，成為我磨練自己的女性主義釋經理念與方法的試金石。

也是在這些方面，當我因協助編輯而開始接觸高天香的文章時，方才驚訝地發現，不少自己以為獨到的見解竟與高天香的不謀而合。比如說，〈冤魂的呼喚——兼談婦女神學的方法〉，高天香一九八九年為《方向雜誌》寫就的文章。她在文中指責從古至今的社會是一個男人執掌女性的生殺大權，甚至不惜出賣女性的社會，以至於殺女嬰、拐賣女性人口，乃至於性侵犯的案件時有所聞。緊接著，高天香引用了鄭景妍的「恨解放」文化神學，希冀台灣的婦女神學運動，不只關心教會，更能走出藩籬，讓出賣女性的社會可以透過冤魂的控訴而悔改認罪，「我們應該從歷史的深鎖中，把那些冤魂的呼聲解放出來，讓她們血的控訴達天聽。這樣做有三重好處。第一，這是醫治的開始，可以化解仇恨，治療傷痕。第二，這是了解的開始，能令人對女性處境的了解更具深度，對壓迫女性的根源更具認識。第三，這是行動的開始，因為能幫助找到為婦女爭取人權和尊嚴的方向。」[二十]只可惜，高天香雖早已指出了方向，卻來不及細究方法。

性別，對聖經及教會傳統的批判

二十 高天香，ibid，頁一四一。

高天香在〈性別偏見的釋經〉這樣說：「翻譯其實就是一種解釋。一個人對聖經的詮釋難免受其文化背景的影響，是一個公認的事實。」[二十一]並用這樣的觀點來破解教會傳統對哥林多前書要求婦女戴頭巾並且不得在聚會中講話的經文。

無獨有偶，我在〈一位外邦婦女的割禮〉[二十二]、〈獨不想一人替百姓死——如何從婦女神學的角度進行抵抗性的重讀以士師記11章為例〉[二十三]時，也不約而同採用了相類似的策略來詮釋上帝擊殺摩西和耶弗他獻女的故事。限於篇幅，我只會就前者來講解。啟導本聖經的對這處經文的解釋正是受父權文化背景影響卻自以為公允的例證。在註解這處經文時，啟導本聖經這樣說：「摩西似乎未受割禮，他的兒子也沒有。割禮是神與以色列民立約的重要標記；凡未受割禮的以色列人都要從約中除掉，摩西忽略了此

二十一　高天香，〈性別偏見的釋經〉，ibid，頁三一三。

二十二　陳文珊，〈一位外邦婦女的割禮〉，《本土婦女神學面面觀》（2003），頁八三—一〇〇。

二十三　陳文珊，〈獨不想一人替百姓死——如何從婦女神學的角度進行抵抗性的重讀以士師記11章為例〉，《女生．女聲》（2007），頁三七—六四。

事，神因此要殺他，藉以提醒大家注意此約。……阻止給摩西的兒子受割禮的可能是西坡拉。……」[二十四]

在這處經文中，婦女明明是解救者，都可以遭扭曲成是罪魁禍首，遑論其他聖經經卷。於是我嘗試發展不同於傳統父權釋經的、一個富神學想像的讀者中心的詮釋進路。這必須一方面從婦女真實的生活經驗出發，同其時，在符合性別正義的前提下，儘可能來貫串所有敘事要素，從而開展出經文可能的詮釋空間。所以，關鍵在於，改變教會過去慣常採取的閱讀角度，不從摩西而從西坡拉的生命抉擇來入手。

這樣一來，摩西就有了不同的面貌。他不再是個拯救以色列人的大英雄，而是個流亡在外不得不隱姓埋名的政治受難者。他也會因為避免走漏消息，而說謊隱瞞家人。摩西並未對岳父葉特羅說明真正返鄉的動機，反而欺騙說，「求你容我回去見我在埃及的弟兄，看他們還在不在」（出埃及

二十四 陳文珊，〈一位外邦婦女的割禮〉，頁八四。

記四章18節）。從埃及逃往米甸居住，這期間摩西似乎亦從未表明，自己是以色列人而非埃及人，是以流珥的女兒們向這位祭司父親報告當日在井邊發生的事情時，說「有一個『埃及人』救我們脫離牧羊人的手」（出埃及記二章19節）。

然而，在返鄉的路上，偌大的騙局終究是要拆穿的。這一夜，在返回埃及的途中，他同西坡拉的感情，他自己的身分認同掙扎，面臨了前所未有的挑戰。「上帝要擊殺他」，可能並非如實的描述，而只是一種隱喻的、象徵性表達，說他經歷了某種讓他痛苦到幾乎要死的心理掙扎。

對此，聰慧的西坡拉一眼看透摩西說不出口的秘密，採取了積極的行動來拯救他。這個行動包括了二個作為，一來，她遵循猶太人的風俗，為孩子行割禮，象徵自己對摩西做為一個以色列人身分的接納，二來，她以孩子割下的陽皮塗抹在摩西的下體，用這個行之已久的米甸婚姻禮俗，來宣示自己堅決相守的心意。在這個情境下，經文說西坡拉再三稱這個與她結婚近四十年、有二個孩子的男子，為血郎，因割禮而成為新郎，就讀來一點都不奇怪。

在這篇論文中，我大膽地使用台灣政治犯妻子的生命故事來做詮釋，解開了這處經文難以理解的種種窒礙。論文首先發表在亞洲神學家會議中，後來發表在《上帝的形象》（*In God's Image*）神學刊物中。正是因為它解釋了一個甚少為聖經學者成功解釋的經文，並突顯了聖經翻譯和註釋不可能是無偏見零預設的，因而獲得不少亞洲聖經學者的好評。

如今回過頭來讀到高天香的著述，卻不免有些惋惜，倘若高天香做為第一代平信徒婦女神學家的全集可以早點問世，或者，我早些年能夠做其門生，有機會傳承她所開啟的這條神學不歸路，甚至，能夠有機會同她一起遨遊探索婦女神學廣闊領域，或許，可以省掉自己過去做的不少冤枉工。

平信徒婦女神學經驗的傳承與積累，對本土婦女神學的開展非常的重要。可惜的是，在教會教階思想不打破的情況下，這樣的傳承與積累只會顯得難上加難，對性別人權在教會內、外的開展，都是莫大的損失。

結語

二〇〇七年，婦女生育自主的爭議剛剛告一階段，性少眾平權的議題開始浮上檯面。隨著台灣民主運動的發展，保守宗教團體開始積極串連並進行政治動員，以影響社會相關政策的制定，從二〇〇九年「反同性戀大遊行」，二〇一一年阻擋積極性教育與同志教育課綱與教材的「真愛聯盟事件」，二〇一三年以下一代幸福為名的反同志婚姻大遊行，及二〇一五—二〇一六年間台灣第一個基督教立黨的「信心希望聯盟」成立、參選，發動公投。

在〈除了宗教右派之外，基督徒的另類抉擇……〉文中，我指出，反同婚的基督徒要批評殖民論述的外來性，要對台灣文化的傳統倫理價值進行描述，不是不可以，但需要做相當多的田野調查或文獻分析。光拿在亞洲華人文化的國家中，都沒有通過同性婚姻法這件事來說嘴，是不夠的。而只承認異性戀而不承認同性婚姻，「等於是在給一種刻板印象做官方背書，一種有破壞性的刻板印象，說同性戀關係本身就不穩定，比不上異性戀，所以不值得尊重」，更是立基於偏見而嚴重違反平等權的社會不正義。

當性別不再只關乎男女二性，還包括 LGBTQI 等，本土婦女神學究竟該對這些教會內外性少眾的平權議題抱持何種立場，又該如何在性別多元下發展婦女神學，這些個問題，很可惜，至今缺少場合認真的討論與面對。

我們欠高天香，欠下一代，欠我們自己，一個認真負責的答案！

（本文為二〇一五年十一月二日長老教會事工委員會所舉辦之「PCT150 活動——教會婦女人權研討會」講稿，後收入隔年所出版的《教會婦女人權》中）

反思宗教干政的隱憂

日前受友人之邀去觀察了信心希望聯盟在大安森林公園的造勢活動，會場不僅吹起某些特定教會儀式常使用的號角，更有不少人站立大聲禱告並揮舞競選旗幟，活動一開始更是連續唱起近三十分鐘的聖詩。讓我一下子錯以為來到了大型布道會的現場，懷疑有任何佛教徒、回教徒或無神論者能夠撐完整個敬拜讚美的前奏聽到後頭的政見。

離開時，在入會場的公園路道旁，看到有一個年青人手舉著「反對宗教治國、反對宗教干政」的標語。上前攀談後，才知道這是他首次自發性的個人抗議行動，擺明針對台灣首次宗教團體組黨競選而來。

台灣基督長老教會過去發表《國是聲明》，主張要推動落實上帝國的公義和和平時，常常被批評為是不順服在上掌權的。殊不知，不明就理，將保羅在羅馬帝國時期信徒是否應該盡義務、服從社會公序的教訓，拿到時空迥異的台灣處境中來施用，才是把自己的意思讀進了聖經經文中。

知昨非而今是，基督徒現在願意積極參與政治，履行公民義務去投票，甚至參政，把自己當成這塊土地的主人，而不是只知盲目順從的老百姓，是好事。但操弄基督教信仰出來組黨競選的作法，卻引起教會內外的普遍疑慮。

信心希望聯盟在文宣品中，這樣回答自己是否是宗教政黨的問題：「宗教法人不能組織政黨，信心希望聯盟的發起人是用個人公民的身分來參與。台灣過去曾有大量宣教士以愛人如己的精神創辦醫院及興辦學校，現在，信心希望聯盟將以同樣的理念，協助具理想、專業、與奉獻精神的人才投身政治工作。」

坦白說，這樣的回答是犯了打稻草的謬誤。首先，把社會對宗教干政與宗教治國的疑慮，也就是把特定宗教所信奉的價值，藉由政治強制力，強加在抱持不同信念的他人身上，簡化為宗教政黨的問題，再撇清自己非宗教法人。其次，把辦醫院、興學校的社會慈善事業，和投身政治混為一談，於是出現了光怪陸離的政黨宣言：「不支持或鼓吹統獨，不背書現有政黨及總統候選人。」那麼這樣一個政黨它的作用到底何在？有任何的政黨可以不關心未來總統人選及其施政方針？可以不思考牽動所有住民的台灣前途與未來？

至於宣言第三項所言「持守價值，理性討論公共議題」，就更令人啼笑皆非了。如果一個政黨集會時先唱半小時到一小時基督教聖詩，動員教會在做禮拜時放信心希望聯盟的競選影片，甚至安排同工當場發收「守護家庭公投聯署書」，對自己所持的反同婚主張，卻無法立基在普遍的人權理念上立論，還絕口不提背後的宗教信念，只懂得閃躲、指稱一切均無違法，這也能算是「持守」了價值，「理性」地討論公共議題？

無怪乎，有基督徒會投書勸阻說：「但今天教會組黨走入政治，其實已經宣告否定了『禱告』與對上帝的『信心』，更關上了救贖的大門。難道我們不能以『禱告』和『敬拜』為這片土地的眾生爭戰嗎？難道不能藉由『禱告』影響這個國家所有的政黨，做出對的決策跟決定？」

這樣的呼籲，切中了在多元價值的社會中基督信仰所應扮演的角色。基督徒不能一方面高舉宗教自由的人權大旗，另一方面，卻漠視其與政教分離和良心抉擇的歷史信仰脈絡。

政教分離，早在聖經寫作的時代就是如此，教父奧古斯丁（St. Augustine）提出上帝之城與世俗之城時，根據的便是馬太福音所說的「上帝的歸上帝，凱撒的歸凱撒」。世俗之城主要由不信的人所組成，不是根據上帝的律法來治理的，其存在目的是為了維持起碼的和平和公義，直等到上帝國再臨。到了馬丁路德改教時，更主張人有良心的自由，非任何教會規條或政府所可以或應該加以強制的，因而即便在基督宗教成為國教的當下，用迫害刑求來強迫他人改宗，不會孕育出「心裡相信，口裡承認」的基督跟隨者，而只會製造一批批偽善者。

到了啟蒙運動時，為了解決宗教信念引發的戰爭和衝突，基於雙城論和良心自由，宗教寬容，成為教會所致力提倡的。皮耶・貝利（Pierre Bayle's）主張，讓一個人違背其良心行事是更為嚴重的惡行，所以，容忍差異是必要的。一六八九年洛克（John Locke）的〈論寬容〉（Letter Concerning Tolerance）更直白，教會人士不只有責任遠離暴力，更要提倡包容，即便是對那些被認定是持異端思想的人。

順此，在一個多元的社會中，政府的目的不在讓人得救，而在捍衛宗教自由，不同的宗教信念或生活慣習，必須依據公共理性去相互說服並制定相關政策。而這樣的公共理性最基本的底限，在於所制定的憲法，以及國家所簽定的人權公約。同性婚姻是否為憲法所保障的基本人權，才應該是基督徒行使公民權利應該好好反思並深究的，藉著動員教會，用數人頭方式來參政，打著自由反自由，不是。

（本文發表於二〇一六年一月廿六日《台灣教會公報》）

除了宗教右派之外，基督徒的另類抉擇……

日前因為信心希望聯盟提出「婚姻家庭制度為社會形成與發展之重要基礎。您是否同意民法親屬編『婚姻』、『父母子女』、『監護』與『家』四章中，涉及夫妻、血緣、與人倫關係的認定，未經公民投票通過不得修法？」的公投乙案，通過需經十萬人連署的法律門檻，行政院公民審議委員會日前特舉辦聽證會，討論因此而可能衍生出的法律爭議。

值得注意的是，在聽證會眾多發言中，有支持公投提案的基督徒學者採取「法律應該符合道德要求」的進路，主張「同性婚姻違反了華人文化一夫一妻的傳統制度」，以及「不同於自由主義，站在社群主義的倫理學立場，國家得對公民自由選擇婚姻對象的權利加以限縮」，因而訴求人民得行使直接民主，限制未來支持同志平權的新科立委們相關立法權的行使。

沒錯，這二項主張，乍看之下，的確是立基在倫理學，而非神學。但很不幸的，無論從描述倫理學或規範倫理學來說，都站不住腳。描述倫理學係就個人或群體的道德信念、行動及整體抉擇過程，做實證的、比較性的研究。正因為它不帶有規範性，而僅旨在描述現況，它未必可以充作倫理證成的充分依據，大家都這麼做，並不代表這樣做就是對的。而規範倫理理論就大不相同，係針對哪些行為是道德上對／錯、應該／不應該，或是哪些德性是道德上好／不好的，來進行倫理的推證。

先來檢視描述倫理的部分。且不說台灣現在已是多族群國家，不是所有人的身分認同都是華人，講後殖民主義絕不該忘記中國帝國主義的崛起，以及外來政權的內部殖民這些枝微末節，光就一夫一妻制來說，與其說這是「華人社會的傳統價值」，還不如說是來自於西方殖民統治時期的影響。反同婚的基督徒要批評殖民論述的外來性，要對台灣文化的傳統倫理價值進行描述，不是不可以，但需要做相當多的田野調查或文獻分析。光拿在亞洲華人文化的國家中，都沒有通過同性婚姻法這件事來說嘴，是不夠的。

究竟什麼是實證研究下的台灣傳統家庭圖像？守護民主平台理事林實芳爬梳史料，發現一則很有趣的報導，一九一二年，也就是明治四十五年，《日日新報》刊登過一則「變成男子」的民事糾紛案件。當時台南安平有一位年紀二十八歲的蕭姓女子，不愛異性，好著男裝，父母過世後，與其同居的兄長便作主為她覓得另一位歐姓婦人，安排了一樁甚為美好的「同性婚姻」。不料，兄長竟想染指「妹媳」，逼得她們連袂出逃。家人到處找不著，不得不登報尋人。後來，還好在警察協助下，始在台南府城找到人，並成功說服她們回家團聚。

這件新聞未必能夠證明同性婚姻在當時是相當普遍的現象，但卻足以顯示一夫一妻絕非是傳統家庭文化的唯一圖像，多元的婚家關係早自百多年前就已是既存的事實，少數，但不是違法或非常態的。

若果如此，多元成家早就是事實，那麼，在道德上為什麼一夫一妻就非得具有某種「正當性」，是好的，合該用法律加以認可並保障的？社群主義的倫理學主張在這裡派上了用場，這就進入規範倫理的範域。

婚姻，在社群主義看來，的確，並不光是涉及私領域、二個人關起門來的自家事，它的確涉及公共承認和公共許可。正是因為如此，社群主義者認為，有關於同性婚姻，以及多元家庭組合的認定，不可能無關乎道德理念或宗教價值。否則的話，爭論的焦點不會停留在「政府是否該不只承認異性戀婚家」，而是「政府是否應該去全面『建制化』（disestablishment）婚姻」上，把婚姻完全變成私人事務，不管任何婚姻，政府都一概不承認，麻煩不就迎刃而解了。

但問題是，誰的道德理念或宗教價值算數？一個社會不會只有一種社群。一個社群也不會「有而且只有」一種永遠不變的道德信念或宗教信仰。但法律的義務，「卻是界定人人應享的自由權，而非將自己的道德標準化為號令」。

這並不代表自由權是張空白支票，任何事都可行。在多元社會中，自由權的正當限制，必須經由多元的公共理性去論辯，進而找出跟得上時代變遷，能切合社會實況需求，且立基在憲法及公約所明定的人權價值上的正當行使範圍。

二〇〇三年為美國麻州同性婚姻合法化判決執筆的法官馬歇爾（Margaret Marshall）說得好：「所有的法定婚姻之中，都有三個夥伴，情投意合的配偶只是其中兩位，另一位是許可婚姻的政府」，「法定婚姻不只是兩人之間的深厚承諾，也是具有高度公共性的一種慶賀，慶賀攜手、陪伴、親密、忠誠、家庭等理想。」二〇一五年六月廿六日，美國最高法院以判決裁決聯邦各州皆應認可同性婚姻的大法官甘迺迪（Anthony M. Kennedy），也在寫協同意見書時這樣描述婚姻的價值：「世上沒有一個結合比婚姻來得更深刻，因為那體現了最崇高的愛、忠誠、奉獻、犧牲和家庭。」

除非同性婚姻不具備這樣的價值，否則只承認異性戀而不承認同性婚姻，如同 Goodridge v. Department of Public Health 判決意見書所言，「等於是在給一種刻板印象做官方背書，一種有破壞性的刻板印象，說同性戀關係本身就不穩定，比不上異性戀，所以不值得尊重」，這是立基於偏見而嚴重違反平等權的社會不正義。

像這樣的公共理性共識的獲致，不必非得獨立於個人或群體的宗教信仰或道德價值之外。事實上，知名的人類學者米德（Margaret Mead）早在一九六〇年代便曾提出先知性的呼聲，在生活方式劇烈改變的情況下，未來社會勢必會遭遇來自宗教的強烈反挫，自由派有必要省思，如何在自由、個人及社會責任之間取得平衡。支持同志婚姻合法化的社群主義倫理學者、當代正義理論的大師桑德爾（Michael Sandel）更明言，一九七〇年代，宗教右派的興起，部分原因其實是來自於自由主義從宗教及道德論述領域的全面拱手退讓。

只可惜，直到二十一世紀初，自由派才體認到自己其實也是有價值理念的，開始明白倡議寬容、公平，以及自由選擇。

也正是上述這些構成民主社會的基本價值，進一步帶來了全球，乃至於台灣，傳統父權家庭壓迫體制的解放、平等與民主化。法入家門，婦女與小孩終於得以獲得平等看待，再沒有所謂「天底下無不是的父母」，再沒有所謂的「三從四德」。

寬容、公平和自由，如今不單是促成婚姻和家庭成員間團結、相互扶持，與權利義務分擔的限制性原則，也成為最終婚家社會體制欲達成的諸多「共善」目標的其中之一。

這些民主價值，在基督徒社群看來，是不是比起講不出所以然來的「一男一女、一夫一妻」來說，算是較好的或更進步的社會乃至於家庭價值呢？在〈健全美國家庭：一個不同於宗教右派的進步選項〉（Healthy American Families: A Progressive Alternative to the Religious Right），同為福音派基督徒的學者史堪若尼（John H Scanzoni）持肯定的見解。他以為，由於結合了自由派與保守派的優勢和理念的進步家庭觀念，更能夠服務並促成現今廣泛的社會正義，即便同性平權下的婚家體制不合於基督教近代以降特有的傳統理念，但站在做為公民社會一分子的立場，基於公共理性，基督徒理應接受這樣的另類選項，而不去成為不惜打破政教分離原則，違反憲法平等保障精神，動員一切教會資源去強加自身價值信念在抱持不同見解他人身上的宗教右派分子。

回到台灣的處境，支持信心希望聯盟的基督徒若想參與同婚議題的公共論辯，不是不可以，但若要藉由公投連署，提出違反憲法平等權保障的護家主張，進一步正當化政府對人民「自選伴侶結婚成家」的自由權做出歧視性限制，就必須好好負起舉證責任，用公民而非信徒的身分說清楚、講明白，基於怎樣的婚姻與家庭價值（描述性的，以及規範性的），為何同性戀婚姻和其他的家庭組成不值得或不該被社會尊重的。否則，難免遭質疑背後的理由，根本不是什麼倫理學的主張，而是徹頭徹尾的半調子神學。

（原文刊載於二〇一六年二月十六日《PNN公視新聞議題中心》）

在肉身上補滿基督患難的缺欠

受難週乃至復活節期間，教會的講壇一貫都是在複述基督如何遭釘死在十字架上卻在第三天復活的奇蹟。這是二千多年前革命分子耶穌如何逆轉勝的歷史事件。

今年，對花蓮人來說，最具代表性的逆轉勝例子，便是支持婚姻平權的新科立委蕭美琴如何在這次選戰中認同社會弱勢的信仰見證了。

眾所周知，花蓮是全國面積最大，南北跨幅最長，卻也是資源分配不均最嚴重、偏鄉問題最多的地區。總是需要仰賴中央財政資助的花東，因而向來是藍營的鐵票區，藍、綠板塊結構比大約是七比三。大失民心的國民黨總統候選人朱立倫，獨獨在花、東還是拿下全勝；全國平均政黨票的得票率分別是民進黨44％，國民黨26.9％，獨獨在花蓮開出來的結果，恰恰是相反的，這些一點都不讓人覺得稀奇。

在長期政治結構未變的情況下，縱使不少人親眼見證了蕭美琴在花蓮蹲點六年的努力，卻一直不太看好她。選前，花了四小時從西部繞了半個台灣趕到花蓮為她助選的吳念真這樣不捨地說：「一位女生在花蓮打拚，很辛苦。」

的確是辛苦，從二〇〇六年紙風車開始三一九鄉鎮兒童藝術工程全國巡演時，蕭美琴就自告奮勇在花蓮擔任志工，並協助募款。這幾年，看到東部教育資源的欠缺，她更在鳳林鎮與萬榮鄉協調「快樂學習協會」，設立「孩子的秘密基地」，讓弱勢的孩子們下課後，能有免費的課業輔導和陪伴。

這一切都看在微不足道的尋常市民眼中。過去「三十五年的人生裡，從來沒有一個政治圈的朋友」的冰店老板，在臉書上為她相挺，「她的政績，是用腳走出來的，而不是用嘴說出來的」，甚至不免為她的選情著急：

「為什麼她已經做了這麼多，卻不好好宣傳？沒多少人知道？」「或許天道酬勤不是口號，這位聰明幹練的大人物，是傻的真心相信。」

到了選前數週，花蓮更打起了仇恨政治的宣傳策略，幾乎家家戶戶都在信箱收到抹黑文宣，以及所謂的「蕭美琴的真相」的光碟片，指稱她為婚姻平權的提案人，並配上同志大遊行中 LGBTQI 的妖豔裝扮，再訴求「人倫親情敗壞」、「花蓮選出這樣的立委，是我們要的嗎？」隨著選戰白熱化，對方陣營更動員部分基督教會牧長，公開批評她是「造成家庭破碎、道德淪喪」的推手，並在花蓮的各大路口、各傳統市場，停放有搭載大型電視螢幕的小貨車，整天不停地放送光碟內容。

信心希望聯盟後來在花蓮得到四六七一票，相較於出櫃同志候選人最多、且高舉婚姻平權為政見的綠黨社會民主黨聯盟，還多出約一三〇〇票，可見這種轟炸式洗腦，不是沒有果效的。

但縱使選情陷入僵局，蕭美琴並沒有選擇切割議題，為了保住勝選的希望，去犧牲捍衛少部分同志人權的從政初衷。正是有見於這位基督徒政治人物誠信的難能可貴，促使了包括陳南州、李定印等玉山神學院的牧師們選擇在最後站出來，召開記者會挺蕭。「基督徒從政，應該秉持耶穌基督的公義、慈愛與憐憫，與和平的精神，認同人民的苦難和盼望，來關心相關公共議題。婚姻平權法案是基於尊重人權（特別是弱勢族群）、人性，以及互愛的觀點，這跟基督教信仰的倫理主張是相一致的。把家庭破碎、道德淪喪歸罪到婚姻平權法案和同性戀，是一種栽贓。」陳南州這樣說。

值得一提的是，有不少支持者，全是因為相信蕭美琴，而開始臨時抱佛腳去認識多元成家法案的。在臉書上，他們使用純樸的語言，談論以前從沒接觸過的同志議題，有的說：「那是天生的也沒辦法。」也有的說：「那是兩個人的事不用管太多。」還有網友講到：「吵成這樣，今天才去 Wiki（維基百科）看的，Wiki 寫得很清楚啊，那些人都不會用 Wiki 嗎？」

蕭美琴做為一個基督徒政治人物，她的逆轉勝故事，讓教會在復活節期得以重新省思，在今日台灣社會做耶穌門徒的真正意義。

上帝道成了肉身，與當時猶太人最討厭的稅吏、娼妓與盜匪一干罪人陣日廝混在一起，以致於就像《污名：管理受損身分的筆記》（*Stigma: Notes On The Management Of Spoiled Identity*）一書所說的，自己也難免受「連帶污名」（**courtesy stigma**）的影響，在法利賽人、文士口中，成為一個專靠鬼王趕鬼，宣稱自己可以在三天內把傾頹的聖殿重建起來，謊言連篇的神棍。但主基督並沒有選邊站，反倒呼召他的門徒，要效法他一樣屈己降卑，好「在肉身上補滿基督患難的缺欠」。

反觀現在的教會動不動就講成功神學，專務定別人的罪，這可是對主耶穌基督為世人捨命的選擇性遺忘？

（本文原刊於二〇一六年二月廿六日《台灣教會公報》）

談「隔空」如何「辦案」

據報載，美國佛羅里達州奧蘭多市日前發生恐怖攻擊事件，槍手馬丁（Omar Mateen）至當地著名的同性戀夜總會「脈動」（Pulse）大肆屠殺，造成近似小規模戰役的重大傷亡，逾百人或死或傷，目前已經被確立是美國槍擊犯罪史近二十五年來傷亡最為慘重的事件。

事發的第一時間，連忙跑去現場捐血、參與救援工作的回教徒艾爾阿瓦迪（Mahmoud El Awadi）這樣呼籲：「大家的血液是一樣的，因此才能團結在一起捐血」，「請大家將膚色、種族、地區、性別、政治觀點放在一邊，團結起來去對抗那些企圖傷害我們的勢力。」避開了任何涉及「同性戀」或「恐同」的指稱，艾爾阿瓦迪毫不猶疑地踩上了「我們」受害者的位置，並且定位了做為對立面的「他們」加害方，仇恨、恐怖主義、極端主義和種族主義。

抹殺受害者幾乎盡數為性少眾，這樣的策略，也是不少共和黨政治人物和保守宗教領袖不約而同採取的立場。那些反對LGBT平權的宗教組織有意無意地略過「脈動」是同性戀夜店的事實，所以，梵蒂岡的聲明只指稱他們是無辜的受害者。而南方浸信會大會（The Southern Baptist Convention）則使用這樣的修辭來悼念：「這些受到這起悲劇重創的人們，同樣具有上帝的形象，並且是我們的鄰舍。」之後，便忙不迭通過了一項決議，認可對於LGBT群體在教會內的種種差別對待。

相對來看，凶手的家人卻絕口不提恐怖攻擊或種族主義，直指他仇視同性戀。凶手父親推斷兒子的殺機是，案件發生前，見兩男接吻而非常憤怒，但是兒子無論如何不應該殺人，「因為神自然會懲罰同性戀」。而美國基督教浸信會的牧師席梅內茲（Roger Jimenez）在十二日的講道錄影，則呼籲更多死亡：「如果我們有個正直的政府，就應把所有同性戀抓起來，要他們站在牆壁前，把他們槍斃。」

另一方面，凶手的前妻和同學或暗示或明示，他是／有「同性戀傾向」，與傳媒揭露他是「同性戀夜店常客」、「曾使用同性戀社群交友網站」的消息交相印證。消息一出，基督教電視布道家羅伯森（Pat Robetson）十四日便指出，保守派應在一旁袖手旁觀，看著伊斯蘭和同性戀等激進的左派分子相互殘殺。

到底加害者和被害者的同性戀身分，在這整起攻擊事件中有什麼重要性？又該如何來理解呢？同性戀社群是否「該」像伊斯蘭信徒那樣，為引發社會不安來致歉，因為有媒體指稱加害者疑似在同性戀社群不受歡迎，這很可能使得他最後下定決心要讓大家「嚐嚐伊斯蘭國復仇的滋味」？抑或，同性戀社群是否「該」認為這事件單純是「仇恨犯罪」，加害者是誰不是重點，社會的「恐同意識」才是背後真正的始作俑者？

要解決這些個問題，做為詮釋者的我們，需要有「網路神探」精神，肯花時間精力爬梳各方資訊，藉著更多相關細節的逐一揭露，來盡可能還原真相。

但不只如此，做為詮釋者的我們，還需要明白，究竟該把事件放在哪種意義脈絡中來詮釋，並沒有制式的操作機制可供參考，詮釋做為本身需要具備批判性自覺。

必須要有所自覺，是由於把同一事件放在不同的意義脈絡來加以解釋，往往與詮釋者的認知背景有關，且勢必會帶來可預見的不同社會效應。而自覺也當具有批判性，正是因為不同的意義脈絡會導出眾多具競爭性的可能詮釋，詮釋者必須對詮釋所會導致的可預見後果，做出負責任的倫理評估。

這是第二序的判斷，關注的是，為什麼我「該」採取A而非B意義脈絡做為詮釋框架，以促成社會對犯罪現象的更為積極、正面的回應。這與第一序判斷的焦點並不相同，第一序關切的是，究竟有多少證據證明a有沒有殺了b，且這是不是道德或法律上禁止的事？

通常第一序的理解會牽動第二序的抉擇，不過，二者間的關係未必是單向的，更多時候，是往來反覆的詮釋循環。而當第一序的真相未明時，並不代表第二序的判斷，在任何意義上，都不能成立，無參考價值。

也是在第二序的判斷層面，受害者當下的情緒、受害族群在更大範圍的社會中所受到的歧視性待遇，理應成為詮釋者自我倫理評估的相關要素。

正是因為如此，我們任何人憑「膝關節」都可以想見，當晚的倖存者，乃至於更大的同性戀族群，會極不樂意聽到「酒後，不單會亂性，酒後，也可能生事」，「我不要聽一個受害者的版本，我要聽你／你們作為一個『同性戀』在這件事裡面經驗到什麼！不要亂踩上一個受害者的位置！」也正是因為如此，我們即便「非當事人」，縱使不在美國的「現場」，都能夠同理，為什麼當美國「天空新聞」（Sky News）主持人一再堅持這場槍擊事件與同志議題無關，而是對「自由」、對「他人」的攻擊時，《衛報》（Guardian）執筆且為同志的瓊斯（Owen Jones）會義憤填膺地扯掉麥克風，離開直播現場。

抹殺同志的受害身分，早已是不言而喻的保守派「陽謀」。它不可能是擦槍走火的意外，而是來自於詮釋者自覺的抉擇。因為反對性少眾平權運動一直以來都致力於把一般社會大眾定位為受害者：同志父母養大的孩子從小就被迫成長在不健全的家庭中；傳統家庭價值遭到多元成家的摧毀；性別平等教育是變相鼓勵異性戀的孩子去性濫交；同志倡議團體迫害宗教自由。認為這起悲劇是同志自相殘殺，死得好，我們都別管，是某種仇恨言論（hate speech）。與基督徒理當「盡心、盡性、盡意、盡力愛主與愛人如己」的誡命不符，自不待言。但認為這起屠殺僅只是對他人、自由的攻擊，則與前者不過是五十步與百步之別，都想要閃躲正視「恐同」做為結構性暴力，對奧蘭多同志夜店的大規模殺人案，有所影響。

槍手馬丁已死，無法受審。在某種程度上，屠殺真相的拼圖，從此勢必缺了一角。

即便如此，採取上述保守派意義框架和詮釋策略者，仍舊會面臨詮釋倫理的質疑。這樣的視角是否會使得性少眾人權遭侵犯的問題缺乏輿論能見度，讓性少眾在社會的弱勢邊緣處境，更加被忽視，並且無見於同性戀及其他性少眾族群因為這樣的事件所受到的心理衝擊，因而較不可取？

而相較於保守派對恐同與犯罪關連的視而不見，所羅門（Andrew Solomon）在《背離親緣》（*Far From The Tree*）曾這樣探根溯源：「若一個人的核心自我被視為病態、不法，他可能難以區分這樣的自我和更嚴重的罪行有何差別。把身分認同視為疾病，會引來真正的病，讓它變得更加猖狂。」

衷心期盼，遠在太平洋另一端的台灣，不會有人主張因為當事人如今永久缺席，基於「有誤判冤案的可能」，反對我們逕行「隔空辦案」，視恐同為這起仇恨犯罪的結構性主因之一，質疑我們敦促教會重新省視拒斥性少眾身分、動輒將他們「疾病化」、「罪化」作為的正當性，以促成**LGBT**社群平權保障在島嶼的積極落實，避免這類的悲劇再次上演！

（本文發表於二〇一六年六月廿九日《傳揚論壇》）

教宗方濟各即將跨出的一大步

第六屆世界反死刑大會（Sixth World Conference Against the Death Penalty）六月底在挪威奧斯陸（Oslo）召開。為此，教宗方濟各（Pope Francis）特意錄製了一段開幕致辭的影片，呼籲在時值天主教慈悲禧年（the Extraordinary Jubilee of Mercy）的此刻，全球各地都能夠省思如何藉由推動廢除死刑落實對生命及人性尊嚴的尊重。

不過三分多鐘的短說提綱挈領地直言，「死刑，即便做為社會自我防衛的合法手段，都是不可接受的」，死刑不單侵害了罪犯的生命和人性尊嚴，與上帝帶有「慈悲的正義」相衝突，且與上帝創造人與社會的目的相違背。「死刑並沒有帶給受害者正義，不過是為復仇做背書。不可殺人的誡命是絕對的，並且同樣適用在無辜者和有罪的人身上。」

信息內容，與過去歷任天主教教宗以及天主教相關教義問答，大體上是一致的。天主教教會官方一九九二年出版《天主教教義問答》（*Catechism of the Catholic Church*）便這樣陳述：「倘若不流血的刑罰便可以充分捍衛生命，公眾秩序，及人身安全，免遭侵害，公眾權威應當自我節制，只使用不流血的刑罰，因為這些刑罰更能切合公共利益的具體處境，且更符應人性尊嚴的要求。」到了一九九七年修訂時，則進一步從社會變遷的現況來主張死刑不必要：「事實上，今日政府己有可能有效預防犯罪，讓犯罪者無法再造成傷害，而不需要確實剝奪他贖罪的可能。絕對必要去處決加害者的情況，如若不是事實上根本不存在，也是非常罕見的。」

唯一令人訝異的，是教宗為了強調廢除死刑的必要性，首次引用了人權的概念，用他自己的話來說：「不可忘記，罪犯也擁有『上帝所賜予的』、不容侵犯的『生命權』。」

慈悲禧年的起算日，十二月八日，恰恰是天主教梵二大公會議（Concilium Ecumenicum Vaticanum Secundum）的結束紀念日。正是在梵二大公會議裡，教宗若望保祿二世發表了《和平於世》通諭（Pacem in Terris），明確揭露了教會對促進普世人權的使命與委身。這似乎暗示著教宗的人權修辭，並非是一個美麗的意外。

果不其然，數天後，據美國天主教耶穌會刊物報導，教宗方濟各有意再度修改天主教教義，要從信仰立場上絕對禁絕死刑，並為此成立了委員會來重新省視過去教義的修辭和教導。

天主教教義未來究竟會如何修改，才能既不引起前後教義的自相矛盾，又能徹底禁絕死刑，引發不少好奇。

一個可能的解決方案，恰恰要從教宗的人權用語入手。天主教會的人權論述立基在自然權利說（natural rights）上，肯認人權是上帝所賜予的，生命及人性尊嚴做為基本人權，自然不得任意侵犯。這是單從信仰所可以肯認的。

但國家可否用自衛做為藉口來設立死刑，涉及到的是現實的問題。恰恰在問的是，人權保障是否可以有例外？比如說，戰爭，便是例外。但死刑，做為刑罰，可以也當作例外來處理嗎？

例外，不是開方便門，需要有例外的合理構成條件。死刑不能是例外的其中一個理由是，囚犯已受禁錮，因而在現代國家來說，這並不構成正當防衛要件。這一點過去的天主教教義已經說得很清楚。

死刑不得做為例外的另一個門檻限制，是天主教教會至今甚少且未曾明言的，那就是國家刑罰權合理界限的問題。開自然權利理論的先河，洛克（**John Locke**）早就在《政府論次講》（*Second Treatise of Government*）指出，刑罰權不是無條件的，它必須立基在社會契約上。自然人只有讓渡一部分權利給政府，財產權並不在其中，是所以，洛克認為，政府不得以財產充公做為刑罰。

但現代的權利理論進一步指出，生命及人性尊嚴的權利，遠較財產權更為重要。生命及人性尊嚴，做為基本權利，與自由等其他權利是不同的，是其他權利得以成立的要件。這些基本權利，只能剝奪，而不能限制，剝奪個人的生命及尊嚴，施以死刑，就形同取消他一切連帶的權利。

依據自然權利來立論的好處是，不但可以全面徹底禁止死刑的合法性，且並未造成天主教教義的自相矛盾，因為它並未直指死刑先天（a priori）違反天主教教義，而是追溯現代國家的社會契約起源，而這個起源確確實實有著信仰的根基：「罪犯也擁有『上帝所賜予的』、不容侵犯的『生命權』。」

教宗方濟各修改教義以全面禁絕死刑，到底會邁出怎樣的一大步，且讓我們拭目以待。

（原文刊載於二〇一六年七月十二日《傳揚論壇》）

當問題成了「阿魯巴」，受害者是「葉永鋕」

——社會究竟該如何規範性？權究竟是誰的？

不只性侵有定義不清楚的地方，霸凌也有。

被霸凌者也會說「不」，事實上，可能意味著「是」。

霸凌，往往是通過儀式（rite of passage）的一部分，在很多文化中，新生入伍或入幫，得接受某種「霸凌式」對待，挺得過艱困的這一關，新生才能贏得社群成員的認同，從而取得了社群的成員身分。是不是兩相情願，常叫人傻傻分不清楚，因為「被霸凌」者在這個過程中，必須扮演受害者的角色。尖叫、哀嚎是必須的表演，說「不」也是不可或缺的重要台詞。

「阿魯巴」，又叫做「乎伊死」，在一九八七年台灣解嚴時開始風行，也有上樹、上柱、上窗、上飲水機或乃至於上某人之類的稱呼。方法是由眾人把被害者抬起，抓緊手腳，強制打開其雙腿，並移至前方的柱狀物體撞擊或磨擦其下體。因為該群學生中有人得知中文的「四」，剛好閩南語的諧音為「死」，因而沿用阿拉伯文「四」的發音，改稱其為「阿魯巴」，逐漸風靡全台。

這個遊戲有性暗示的意味，明言人一看便知。不過，大概被「阿魯巴」當下，身體的感覺都不會很「爽」（對喜歡ＳＭ的人來說，那又是另一回事了）。二〇〇七年十二月四日，不幸的事發生了。台灣出現第一起因玩「阿魯巴」造成被害同學受傷，而遭控妨害性自主之案例。玩遊戲玩出前科來，加害者心裡大概都很嘔，很冤，覺得自己無犯意，不該受罰。但其實，因為遊戲有風險，在二〇〇五年教育部便曾發文給各級學校，要求禁止學生玩「阿魯巴」，而國防部則更早一步於二〇〇四年年初就已下令禁止於國軍部隊中相互「阿魯巴」。有言在先，說起來也並不那麼無辜。

問題還不只是有風險而已。重點是，這個遊戲雖常被運用在通過儀式中，但不見得人人都有份，也不那麼公平正義。現實往往是那些「性別氣質」不同於性別刻板印象的人，會慘遭雀屏中選。說得好，是幫助他成長；說得不好，是看他不順眼。於是很不幸地，對某些人來說，一次是不夠的，通過儀式結果不但沒有通過，反倒身陷其中，成為同儕團體一次次規訓他異常身體的無上法寶。

不知道那些旁觀或參與下手「阿魯巴」的，是不是同時也產生某種「性快感」？如果性之為物，光看看也可以性滿足，大約是有的！那麼，請問可以就這麼「阿魯巴」下去嗎？因為一次失誤，而全面禁止，會不會太小題大作了？

反正，「受害者」也沒有說「不」。嚴格來說，他說的「不」其實是「是」。猶有甚者，恐怕「受害者」也說不清自己的「不」是不是「是」。畢竟，他應該也很享受被大家「阿魯巴」，你看，他事後不是也笑了，不是也假裝和那些「阿魯巴」他的沒有疙瘩，沒有過節？

所以，我們旁人何必庸人自擾，去強加干預或禁止？

庸人，還真的有必要來自擾一下。經驗告訴我們，個人的自主決定，往往與環境脈絡有關，與養成教育有關。如果一個環境脈絡不斷告訴你，這只是遊戲，受害者雖然不悅、不喜歡，感覺到其中有性別歧視，但大概都會選擇沉默。如果養成教育不斷告訴你，要合群，不要有太多個人意見，那麼雖然感覺與環境格格不入，大約也只會怪自己怎麼生成怪胎一個，絕不會想到要去創造時代。

不少同志在青春期的時候，都試著抹去自己的特異，假裝有男／女朋友，自發性地接受某種矯正治療，這些說實在應該都是他們「自願的」。權利不是天上掉下來的，你自己都不反抗，憑什麼來怪別人？

但說到底，也不是「自願的」，因為教育單位根本沒有提供不同的性別多元教育，沒有幫助同志了解自己，沒有形塑一個接納多元不同性傾向的文化或社會架構。在這種情況下，說人家是「自願的」接受「拗直」，好意思嗎？

如果玫瑰少年葉永鋕的事件，讓我們知道，個人的就是政治的，那麼重點不是去爭議，這些受害者的「不」是不是「是」，而是建立一個清楚明確的性別平等規範。而要把權利拿回來給弱勢，我們不會告訴弱勢者，「受害者」是污名，你不要隨便站上這個位置，相反地，否認受害，把受害潛抑到潛意識當中，只會對受害者造成二度傷害，讓受害的記憶像「陰魂作祟」一樣，時不時出來干擾你的生活。因此，對於受害者來說，最不能聽到的，就是「你不要隨便『站在受害者的位置』上」，好像去喪家弔唁，叫人家別哭，對憂鬱症患者說「堅強點」一樣。這不但壓迫了受害者最真實的感受，同時把整個大環境「『不』就是『是』」的結構性問題給「個人化」，說成都是自己搞不清楚，而不是背後的環境或養成教育出了問題。

為什麼加害者不去取得同意，甚少成為討論的焦點，而受害者的「不」在遊戲中有沒有可能意味著「是」，卻成了問題唯一的關切？這才是所有試圖處理結構性問題的人該自問的。

所有試圖處理結構性問題的人還要自問，在一個理想的社會中，「阿魯巴」做為一種通過儀式，做為一種遊戲，跟其他遊戲比較起來，是否是必要的，是否是好的？而這必須考慮的，遠超過「不」是否意味著「是」。它必須考慮這樣做會帶來什麼結構性效應，比如說，不只是「阿魯巴」，其他時候，旁人會不會也可以不必取得事先同意，捉弄葉永鋕，當作是好玩。

如果人的尊嚴和權利，總是必須透過劃定人與人的道德疆界，才能適切地行使。究竟在哪些情況下，我們會覺得，沒有事先取得同意，隨便把人「阿魯巴」也可能是好事一樁？也是情慾流動的一種？

如果「阿魯巴」做為霸凌式對待，是不被允許的，被性侵如何可以美化成婦女性權的實現？

（原文刊載於二〇一六年九月三十日《風傳媒》）

宗教，或不宗教，這成了個問題

同性婚姻立法的相關爭議，隨著李天柱在金鐘獎上的不當發言，及成大通識課程教材充斥的性別歧視，刻正在臉書上四處延燒。抱持反對立場且積極動員遊說的基督宗教右派團體，被視為是台灣社會的亂源，連帶地使得宗教成為眾矢之的。

有人引用《教育基本法》第六條，主張宗教中立，不分公私立學校，宗教應一併退出校園，「缺乏尊重多元的宗教教育，只會讓學生成為盲從宗教價值的喪屍」，因而「宗教教育只能做為文化教育的一環，而且應避免宗教深層內涵的滲入」。也有人力陳宗教有害於公共討論的效率和品質，基於價值多元的原則，「應拒絕宗教插手任何性別或道德課程」。

宗教右派與世俗主義的雙重挑戰

坦白說，這並不是什麼本土新發明。為了對治「宗教干政」的隱憂，不少世俗主義者（secularists）往往走向另一極端的「政教分離」訴求，要求宗教全面退出公共領域，把宗教徹底個人化、私有化。在美國，二次世界大戰後，也不乏左派的知識分子貶抑天主教徒為「無良公民」（bad citizens），推動法律改革，針對天主教及其他宗教的私立學校制定不友善且不公平的相關規範。

但《世界人權宣言》第十八條明言：「人人有思想、良心與宗教自由的權利；此項權利包括改變他的宗教或信仰的自由，以及其單獨或團體、公開或秘密的教義、實踐、禮拜及戒律表示他的宗教或信仰的自由。」台灣的《教育基本法》第六條也保障「私立學校得辦理符合其設立宗旨或辦學屬性之特定宗教活動」。要求宗教全面退出校園、道德及性別課程，不但於法無據，且不明智。

這看似一舉解決了宗教所帶來的紛爭，殊不知如此一來，把本來應當公開好好討論的價值爭議，潛抑到檯面下，日益個人化、私有化的宗教反而越發容易遭到宗教內右翼人士的動員。對宗教自由做為人權的保障，其所面臨的威脅，不單來自基督教右翼勢力，更來自無知自大的世俗主義者。

現今政治學上所謂的「政教分離」，放在適當的脈絡來理解，是為了避免公共領域支持特定宗教所謂的「正統」，而排擠邊緣化了其他的公民，並沒有意思要從字面來理解「政教分離」，否定宗教在社會上的重要性，或拒絕宗教參與公共事務制定的機會。學者沃克（Nathan Walker）提出至少存在三種有關於「政教分離」不同觀點。

分離主義者（**separationists**），不同於世俗主義者，不會禁止公民社會公開表達宗教言論，不過，出於害怕大多數人的信仰會主宰少數人的生活，所以分離主義要求宗教信仰不得涉入公共政策的制定。但這個主張的危機在於把宗教理性與公共理性做了某種「理想上」的劃分，事實上卻是，在高度具宗教性的文化環境中，分離主義缺乏有利的管道去打造一個具批判性的公民社會。

不同於分離主義者，包容主義者（integrationists）與多元主義者（pluralists）不假定虛假的聖、俗二分。包容主義者主張人民有言論自由，宗教信仰做為終極關懷，滲透在人生活的各個領域和各個層面，與公共政策的制定，二者根本不可能一刀切；多元主義者則關注究竟如何先從結構上防止宗教霸權的形成，再藉著各宗教的積極參與公共事務來強化民主的體制與相互包容。在多元主義者看來，公共政策不單需藉由多元觀點來制定，並理應促進多元觀點的共存。因之，多元主義的政教分離，不代表要排除宗教論據，相反地，對特定觀點加以排除，本身就是不包容與不多元的。

更何況，究竟何為宗教？如何可以指認某人或某論述本身是出於宗教？本身便是很大的問題。如果用終極關懷來界定宗教，包括無神論、國家主義都可以視為是一種類宗教現象。而不以宗教語言來理性表達立場，其實一點都不困難，這方面宗教右派已經做了絕佳的示範。

另一方面，有宗教性用語也不代表就是根據宗教信念來表達立場，比如說，引用宗教經典來闡述或佐證某種根深蒂固的道德假定或社會慣習，有時是修辭格的使用，並不意味採信了特定的宗教價值，或者，是某特定宗教的信徒。

或許，抱持這樣看法的人會辯解，凡是無法透過經驗來加以證成或否證的便是出於宗教理性，但凡不是宗教理性的，便是世俗理性，也就是公共理性所依憑的。然而把理性分門別類為世俗理性與宗教理性，不但是要不得的二元論思維，本身也是不可加以驗證的假說。如果它不可加以驗證，又是透過哪種理性來認知的？一種偽裝世俗，骨子裡卻十足宗教的理性？

回過頭來，基督宗教，或其他宗教，亦應當反躬自省。對同志婚姻及婦女生育自主等權益的敵視與反彈，是否反映了教會對人權神學的建構或信仰實踐，功夫下得不夠深？

教會與人權的千絲萬縷

洛克曼（Jan Lochmann）主張，人權並不是基督教的特權，也不是基督教所獨有的，從基督教傳統來理解人權，並不是要提出一個獨一且排他的對人權的理解，而是要力行耶穌的教導，就是對他人的無條件開放與委身。莫特曼（Jurgen Moltman）也呼應這樣的看法，主張「基督教只有在完成了其從上帝領受的獨特使命時，才服務了所有人的人性；也只有在服務所有人的人性時，基督教才算完成了其從上帝領受的獨特使命。」

天主教梵二大公會議一九六五年亦通過《信仰自由宣言》（Dignitatis Humanae Personae）。在這份被譽為「天主教人權革命的宣言」（Manifesto of Catholic Human Rights Revolution）中，教會放棄「錯誤沒有人權」的主張，認可人權不必再根據信仰來決定，而是根據人良心的首要性及尊嚴來界定人權的內容。

無奈的是，基督教會的人權神學雖一方面關上導致宗教紛爭的歧視大門，訴諸良心及尊嚴來做為人權的判準，但當進一步問究竟良心的判準何在時，卻又自許為先知，獨斷地訴諸信仰，主張有而且只有男女二性的結合才是道德的，開啟了另一扇性別歧視的窗，遂導致在宗教戰爭止紛的此刻，興起了一波又一波的文化戰爭。

主張「人權高於主權」的教宗若望保祿二世，一方面鼓勵美國教會向政府施壓，另一方面，和伊斯蘭國家結盟，阻止美國推動全球墮胎合法化的議案。美國宗教右派，特別是像「世界家庭協會」（World Congress of Families）等基督教組織，長期以來有計劃地企圖影響聯合國及國際論壇，好主導全球家庭價值的輿論風向球。而台灣第一次反同遊行的總召更是長老教會的總會議長，信心希望聯盟的候選人及椿腳中亦不乏長老教會信徒及牧長。

看來，教會之於人權，誠如神學家艾姆斯伯瑞（Richard Amesbury）和紐蘭斯（George M. Newlands）所直言，一方面，基督教信仰對於尊嚴、平等、自由及正義的理念，影響了普世人權的發展，另一方面，因為教會對正統教義的堅持，對異議者與非基督徒的迫害與排擠，以及政教之間千絲萬縷的權力糾葛，致使人權的落實受到阻礙。

哲學家諾斯鮑（Martha Nussbaum）說得好：「人權，意味著不只是權利，而是人人享有平等權利。」倘若教會對正統教義的堅持，不受節制，一旦不假思索地充作人權的限制要件，就很可能會帶來某種的排他性，視那些不接受正統思想的人是危險的、具顛覆性的，導致某些享有權利而某些人的權利卻遭剝奪的不平等出現。她稱這種為「對自己人的偏私」（in-group favoritism），是人權及強調平等保障精神的法律所不容的。

設若教會堅持的正統思想並不是透過法律強行加諸於人，而是依憑著歷史或文化優勢存在，或是在信徒佔絕大多數人口的支持下，受到法律的特許，這樣是否可以？她的看法亦是否定的，因為這構成了公領域「內群體」（in-group）和「外群體」（out-group）的區隔。這意味著，不是所有人都站在平等的基礎上進入公共論域中的。

少數人之所以有宗教或良心自由，不是基於人權和法律保障，而是來自於大多數人的寬容，連帶地，少數人的意見在論及公共事務時必得屈從於大多數人的觀點。「少數必得服從多數」，如若及於使人做出違反良心的抉擇，本身便不那麼平等，也不那麼合乎人權價值。

像這樣的公共理性共識的獲致，不必非得獨立於個人或群體的宗教信仰或道德價值之外。宗教右派和世俗左派的紛擾，可以休矣！

（本文發表於二〇一六年十月十八日《傳揚論壇》）

第十四位淚眼使徒

根據約翰福音，抹大拉的馬利亞不僅是在十字架下見證耶穌受難殉道的諸多婦女之一，而且是第一位領受耶穌死而復活信息的信徒，第一位向眾門徒報揚了這個大好消息的使者。但她在基督教會中的地位卻一直不受重視。

在西元五九一年教宗葛利果一世（Gregorius I）在聖克來孟天主教堂（Basilica San Clemente）證道時，宣稱她在信主之前，貪慕榮華，且披頭散髮行為不檢，還「使用膏抹肉體，做出禁忌的行為」，「弟兄們，再也清楚不過了，抹大拉的馬利亞是個妓女」。

自此之後，抹大拉的馬利亞，在教會歷史中，一直被記得的是她曾經從娼的過去。根據路加福音第七、第八章，教會傳統認定，福音書提到的那個用淚水和香膏塗抹耶穌的腳，並用自己頭髮拭乾的有罪女人，正是與後來經文所述及的，曾被邪靈所附、病痛纏身，且有七個鬼從她身上趕出的抹大拉的馬利亞。

遲來的正義

這樣的情況一直到最近才獲得平反。教宗方濟各（Pope Francis）正式在慈悲禧年公布，要將七月廿二日列為羅馬禮儀年曆中的慶日，以此紀念抹大拉的馬利亞。聖座禮儀聖事部（the Congregation for Divine Worship）提早於十日頒布命令（decree），且以專文闡述這位「使徒中的使徒」（Apostle of the Apostles），希望可以藉此促進教會正視婦女尊嚴、福音宣揚事工的新頁，並默想上主慈悲的奧秘。

根據教宗方濟各的說法，抹大拉的馬利亞在耶穌的空墳墓之前哭泣，提醒我們，「有時在人生中，唯有透過眼淚，我們才能夠看到耶穌」。聖座禮儀聖事部的專文更深入闡述，抹大拉的馬利亞，不同於夏娃把「死亡帶到人類生命的發源地」，她是「在死亡的所在，宣揚生命」，足以顯示耶穌對她有特別的計劃與慈悲，堪為教會所有婦女的模範。

抹大拉遺址

教廷此舉是否意味著，不論男女人人在上帝眼中都是平等的，性道德與信徒身分的認定可以完全脫鉤？未必。這恐怕更多是伴隨著今年教會歷史上的一項新發現，四月初，抹大拉遺址的出土。

事情是在十年前起的頭，教廷機構諾特丹耶路撒冷中心（the Pontifical Institute Notre Dame Jerusalem Center）決定，要在耶穌的故鄉加利利附近興建一些客房，無意挖掘出許多考古學證據，諸如主後二十九年刻有尼祿的錢幣，刻有聖殿建築的石碑，及第一世紀的會堂，證明該處正是抹大拉馬利亞當時所居住的城鎮。

歷史學家推斷，這個地區曾經非常富裕，是當時漁業的集散地，漁獲甚至遠送至首都羅馬。很可能，挖掘出的那間位於抹大拉邊陲地區的會堂，正是當時猶太基督徒聚集的所在。再加上，為姓名冠上居住地的稱呼，慣常用來指稱在當地具有一定地位的人。凡此種種使得聖經學者不再相信，抹大拉的馬利亞也曾不幸淪為妓女，相反地，她應該家境頗為寬裕，以至於能夠跟著耶穌四處傳道，還可以在財物上供給耶穌一行人。

做為教會打壓婦女的記號

打壓抹大拉的馬利亞，極可能，從第一、二世紀便已開始。依據諾斯底教派的相關經卷，在諸多使徒中，馬利亞常受到使徒彼得的攻訐。在《多馬福音》書中，彼得懇求耶穌：「叫馬利亞離開我們，因為女人不配得到生命。」而在一八九六年，一位德國學者在開羅發現的古卷《馬利亞福音書》中，更把馬利亞描繪成耶穌復活後的初代教會的領導者，她告訴使徒們，「不要哭泣沮喪、任由心志誠惶誠恐」，並表示她從耶穌獲得了異象，要分享給大家知道：「你們所被蒙蔽的，我將揭露與你們知曉。」怒氣沖沖的彼得挑釁地回應：「耶穌真的私下與一個女人說了這些，而我們會不知道？」「耶穌竟會偏愛她勝過我們？」

這些資訊像是遺失的拼圖一角，說明了基督徒在閱讀福音書時自然會產生的疑惑，做為「使徒中的使徒」，「為何在教會傳統觀念裡，素來是彼得扮演著不可或缺的角色，而馬利亞卻無足輕重？」

隨著抹大拉的馬利亞在教會權力體制中遭貶抑，早期教會中女性門徒在宣教上的重要性，乃至於在家庭中的角色，也連帶受到了壓制。保羅在《以弗所書》中這樣教導：「作妻子的，你們要順服自己的丈夫，如同順服主。因為丈夫是妻子的頭，如同基督是教會的頭；他又是這身體的救主。教會怎樣順服基督，妻子也要怎樣凡事順服丈夫。」（以弗所書五章22至24節）而在《羅馬書》中所提及的「猶尼亞」（Junias），本應叫做茱妮亞（Junia），保羅稱讚她為「在使徒中為傑出的」並且「比我更早在主裡面」。無奈教會父權傳統既認為女性不可擔任教會職務，便不假思索斷定此人必定是男性，在抄錄經文時，任意竄改成陽性字根的 Junias。

當教會性別規範日益嚴苛，女性在神學上進一步被視為原罪的始作俑者與傳遞者。縱使「罪從一人入了世界」，但是，卻是夏娃吃得禁果，教父愛任紐（Irenaens）遂責怪，「夏娃的不順服為全人類帶來死亡」。縱使「耶穌的寶血成為可以遮蓋塗抹世人一切的罪」，但是，女性由於與月事與性與生殖脫離不了關係，東正教乾脆直接將女性排除在聖職之外，奧利金（Origan）宣稱：「神不屑一顧那屬肉身的女人。」到了主後三世紀，即便耶穌的受難，都可以和萬惡的婦女扯上關係，特土良（Tertullian）這樣雪上加霜地強調：「妳（夏娃）是惡魔的通道……妳毀滅了男人——神的形象……」，「因為（妳們）……即使是神之子也得死。」

順此以降，教宗葛利果一世會把用膏油塗抹耶穌的作為，形容成不堪的「禁忌行為」，把這個耶穌讚許「愛大赦免也大」的婦女，再次稱作是「妓女」，並且把抹大拉的馬利亞、伯大尼的馬利亞，和這個「妓女」混作一人，不過是剛剛好而已。也是這同一位教宗，加油添醋地把從馬利亞身上趕出的七個鬼，解釋成教會傳統所謂的「人類的七宗罪」：傲慢、嫉妒、忿怒、貪婪、暴食及色慾。

在打壓之處，有解放

歷史最終還了抹大拉的馬利亞一個公道，而這並不是天上掉下來的禮物。在一九六九年梵蒂岡修訂聖人曆時，對此做出糾正，說她們不是同一人。在一九八八年，教宗若望保祿二世（**Pope John Paul II**）稱她為「教徒中的教徒」，在天主教會官方文件中，更註明她是「在險惡的試探中，展現出最虔誠的忠心」，在耶穌被釘十字架受死時，見證了自己是「比其他男使徒更為有能力果敢的女性」。

許多當代的學者更進一步反駁「有罪」的假定，認為即使抹大拉的馬利亞曾被鬼附，而這算是個有罪的憑據，也沒有任何福音書能夠指出她的罪是肉體上的。更何況，根據歷史考據，在一世紀時，對有罪的認定，範圍是相當寬泛的，女性甚至可以單單因為與丈夫以外的男性交談，或是單獨上市集等等，而被視為是「有罪」。就算退一萬步，假定那些揣測她在性上犯罪的證據沒有想像的那麼不堪一擊，她所犯下的罪，也未必比其他的罪行，比如保羅先前四處迫害教會一事，來得更大、更不可赦免。

在抹大拉的遺址消息曝光後，沒過多久，五月十二日教宗在接見「國際女修會總會聯合會」（International Union of Superior Generals, UISG）的修女們後，便同意設立一個委員會來討論女性擔任執事的事情。三個月後，教宗經過祈禱和反思決定正式成立委員會，特別來考察初代教會女性執事的歷史。這會不會帶來天主教會婦女地位的提升？值得長期推動性別平權的教會人士注意。

女性主義的象徵

那麼，我們該如何重新看待抹大拉的馬利亞？不同於教宗葛利果一世，當代社會有著新的想像，「女性主義的象徵」。

或許，我們可以藉由解構與再建構所謂的「合理推斷」，以便重新奪回婦女自主參與的權利。

懷疑抹大拉的馬利亞是娼妓的歷史證據，大脫不外幾點。一來，是因為在猶太人的《拉比哀歌》（Lamentations Raba）提到上帝曾經因為亂倫通姦而毀滅過抹大拉，導致此處在當時人眼中甚為「不潔」。二來，有學者以為，羅馬帝國統治的賦稅日益沉重，可能迫使當地許多女子賣身為奴，或從事淫行。再者，抹大拉的馬利亞不像其他已婚婦女，或冠夫姓，或冠上孩子的名字，這點極可能說明她之於當時的習俗是個例外，單身而未婚。

而這些想像與揣測，都是立基在某種有關於父權對女性「性」的鉗制的基礎上。無主的女性，這不單在古代，就是在現代，也會動輒招來別人以懷疑輕蔑的態度對待，或導致她被排擠孤立，或讓她容易成為性侵害的對象。把對性的焦慮投射在女人，而非男性，把問題聚焦在個人，而非結構，如此重建歷史現場的「合理推斷」，究竟服務了哪種意識型態，維護了誰的利益？

流淚見耶穌

要從女性主義的解放立場來重新想像，我們或許可以藉由曾經被強暴的義大利女畫家阿特米希雅・曾提萊希（Artemisia Gentileschi）的畫作，來做為可能的參照點。在她兩幅關於抹大拉馬利亞的圖像中，曾提萊希所要呈現的，不再只是單純的悔改得救，而更多像是融入個人受創經驗的天問。在一幅身著禮服靜坐的《抹大拉馬利亞》畫像中，她不僅讓畫中人物的表情呈現出某種傷痛與質疑，還特意用黃色，在基督教圖像學中象徵邊緣人物與異端的顏色，來挑戰教會傳統的性別刻板印象，暗示在父權的結構中，即便是出身富貴的婦女也無法免於性別歧視的不義。另外一幅《悔罪中的抹大拉馬利亞》，這個看似在曠野中苦修的馬利亞，則是上半身全裸毫無遮掩，如同死亡一般，向後傾倒，兩手無力下垂。放置在腿上的骷髏頭，則彷彿象徵著宰制女體的父權。整幅畫與其說是馬利亞在痛悔自身的罪惡，倒不如說是在向上帝控訴那個真正該悔罪的、讓受暴婦女形同垂死的性別暴力體制。

畫像中的抹大拉馬利亞是痛苦的、如同死亡般無助，但做出控訴的女畫家曾提萊希卻是強而有力的。她膽敢直視自身的創傷經驗，並挑戰那個慣常對性暴力保持沉默的父權教會與社會，讓觀者無不坐立難安。是在這樣既軟弱又剛強的婦女形象中，我們從而了解了教宗的話：「有時在人生中，唯有透過眼淚，我們才能夠看到耶穌。」

在十二使徒之後，在外邦人使徒保羅之後，女人終於有了「第十四位淚眼使徒」，是上帝所賜的，沒有人能夠奪走。

（原文刊載於二〇一六年十二月十日《新使者雜誌》一五七期）

宗教如何得以自由？

春節過後，短暫休兵的同性婚姻立法爭議，又開始在教會點燃了足以燎原的星星之火。基督教右派信徒動輒舉起宗教自由的大纛，主張同性婚姻事關基督信仰的危急存亡。反觀支持同性婚姻立法者，則多半把宗教與不寬容劃上等號，認為宗教理性不該涉入公共領域中。

同性婚姻立法究竟如何干犯了宗教自由？基督徒多半說不上來。而限制宗教理性不可避免成為紛擾之源，其實，如同阿姆斯壯（Karen Armstrong）所言，多半是「現代社會把信仰變成了替罪羊」。猶有甚者，縱使支持與反對雙方的激進分子看似二元對立，但其實彼此之間的相同處，遠大於外表的相異，二者都把這場立法對決看作是一場「宗教 vs. 非宗教」無解的文化戰爭。但這究竟更多是事實，抑或不過是迷思？

已逝的法學家德沃金（Ronald Dworkin）便不做此想。面對美國本土基督教右派的護家運動，他指出，雖說少有男女在獲得同性戀和墮胎的選擇權上訴諸宗教理由，但以宗教自由做為訴求，其實更有利於自由派的主張，連帶使得政府推動相關立法益發具有強制性。

這一條以保障宗教自由另闢的法律蹊徑，必須先挪走二塊舊對立思維框架的絆腳石。其一，到底什麼是宗教？哪些人或團體得以享有上述相關的保障？到底宗教自由的人權訴求該如何經由法律加以保障，此其二也。

前一個問題好解決。他一方面援引天主教大公會議的聲明，主張「無法想像任何對於何謂宗教信念的具說服力解釋可排除以下這種信念：對於人生為何及如何有著本具客觀重要性的信念」，另一方面，又藉著爬梳美國最高法院對於憲法保障宗教自由的解釋文，指出「在這個國家，不教導人相信上帝存在的宗教包括了佛教、道教、倫理文化協會和世俗人文主義等等」，進而提出「宗教性無神論」的說法。舉凡任何人或團體，若秉持著「宗教性態度」，用超自然主義（supernaturalism）的信念，來看待自然和價值，認定他們背後具有先驗的客觀依據，不論是有神論或無神論，都理應被視為是宗教無誤。

根據《世界人權宣言》第十八條：「人人有思想、良心和宗教自由的權利，此項權利包括改變他的宗教或信仰的自由，以及單獨或集體、公開或秘密地以教義、實踐、禮拜和戒律表示他的宗教或信仰的自由。」如同言論、集會結社種種自由，宗教自由，既與人性尊嚴密不可分，便理應受到政府立法加以尊重和保障。

「宗教性無神論」的宗教自由可以包括哪些？像是選擇墮胎或選擇與同性結離的決定，都涉及 Planned Parenthood of Southeastern Pennsylvania v. Casey 一案三位大法官的意見書所言的，「凡是最私密和最個人選擇（即最攸關個人尊嚴和自治的選擇）的事情，……，此種自由之核心在於人有權利自行界定其存在概念、意義概念、宇宙概念和人類生命之謎的概念」，理應被視為是宗教性信念，獲得政府立法加以保障。

然而，自由不單是個人的事，也關乎旁人，不只是項權利，更是項義務。說「某人有權獲得X」，意味著其他人對此負有相對的義務，這往往意味著，就消極面來說，他人不得對某人獲得X橫加干預，或甚至，就積極面來說，他人理應協助某人得以獲得X。宗教自由也不例外。

唯回顧宗教戰爭及暴力的相關歷史，宗教自由做為人權，如同其他受到保障的自由一樣，很可能會對他人其他權益造成危害。正因為如此，在一個多元宗教的社會中，「政府究竟該如何立法保障宗教自由？」這個問題相較於前者，來得困難得多。

現今的社會不會也不該認可以宗教自由為名，進行殺戮，像日本的地下鐵沙林毒氣事件，或使用有礙健康的毒品，如美國原住民教會在宗教儀式上使用致成癮藥物佩奧特鹼（peyote）。宗教自由若不想成為失控的火車頭，亦理應在「合理界限」內加以規範。是所以，《歐洲人權公約》會如此補充說：「表現個人宗教或信仰之自由僅在以下情況受限制：不符法律規定者，有違民主社會中表現公共安全之利益者，有違公共秩序、健康或道德者，有違他人之權利與自由法。」

政府究竟可以如何訂出「合理界限」，到什麼程度便算跨越紅線，是對宗教自由直接或間接的侵犯？這件事無法不證自明，也不那麼黑白分明，是個需要法律社會學詳加詮釋的概念。

土耳其及法國不准許穆斯林婦女在公開場合穿戴全罩式長袍，瑞士籍全民公投禁止在國內修建回教宣禮塔，中國強拆教堂十字架，台灣甚至有人曾主張，宗教徒個人或團體進入校園擔任義工，不得配戴或穿著表現宗教認同的象徵性物件，凡此種種容或會被視為是假「合理界限」之名，行「侵害宗教自由」之實。然而，近來在同性婚姻修法過程中頗受關注的，政府是否不得資助或立法禁止拒絕同性家長收養的天主教等相關機構，這算不算是？卻猶待斟酌。

大多數謹守政教分離原則的國家，多遵循二項原則來行事，首先，禁止政府為特定宗教背書，其次，禁止政府限制履行宗教之自由。前者禁止政府積極參與並涉入宗教事務，以防止宗教為政府所利用；後者禁止政府以國家認同和公民意識為由，來消極打壓如同美國賓州亞米胥（Amish）派及錫安山新約教會等具強烈分離意識的宗教。

這說起來簡單，要落實，卻不容易。原因在於，第一項要求和第二項要求，似乎經常出現相互抵觸的情況，比如說，尊重A宗教自由，豁免其某項公民義務的同時，像是耶和華見證人出於信仰的緣故得以拒絕當兵，似乎就對無法享豁免的其他人構成了某種不公平待遇，彷彿是政府已經選邊站了。

平等，就是要一樣，是把兩刃的劍。有時，它可以有效地去除歧視；但亦有時，它反而被用來強化歧視，而不自知。政府相關法令對不同宗教信念會帶來迥異的衝擊，硬要他們遵守相同的公民義務，毫無例外，就是一個要不得的實例。猶有甚者，這可能內裡包藏著一個隱而未顯的、打造國家神話的禍心，即藉由國家法律建構凌駕於不同宗教認同的世俗公民意識，縱容政府只要想得出什麼看似中立的託辭，便可以要禁什麼便禁什麼。

德沃金心裡很明白這點，因而，他進一步區分二種對宗教自由人權的法律保障模式，其一是視其為「倫理獨立權利」（rights of ethical independence），另一是視其為「特殊性權利」（special rights）。「特殊性權利」，如同公平審判、言論自由等，受到極強的保護，或是嚴格到在任何情況下，政府都不得加以侵犯，或者，除非有著「迫切正當事由」（compelling justification）等緣由，像是某種不實的謠言會造成個人權益或社會「清晰分明且迫在眉睫的危險」等，否則絕不允許加以侵犯。宗教自由若要被視為是「特殊性權利」，那麼政府在立法時，乃至於法官在審理時，便不得不對何謂宗教進行某種實質內容的審查，判斷某信念是否歸屬於某種可加以辨識的更大且一致的信念系統與人生觀。

但政府究竟有沒有能力或適不適合擔任「判教」的重責大任？其決斷又是否可以真的維持價值中立？不免令人質疑。

若宗教自由是一種「倫理獨立權利」，那麼宗教就必須願意服從於理性、無歧視和對各宗教相同尊重的相關法令，相對的，政府在立法上便不得以涉及實質內容的價值選擇（認為某種生活較為可取），來立法制定攸關宗教自由的公共政策。這意味著「立法機構在打算禁止或限制某團體的某種活動時，須先弄清楚該團體是否把該活動視為神聖義務」。

若果是，那麼政府便必須考慮，基於「同等尊重」是否該加以豁免或給予優惠。這裡需要考量的，不是原則上宗教自由是否都不得加以侵犯的問題，而是實質上容許破例對政策所會造成的實際影響，「若是一個破例對一項政策無明顯損害，那不批准該破例也許就是不合情理的」。

基於這樣的法律框架下，在德沃金看來，不立法禁止因為信仰因素拒絕提供同性家庭領養服務的宗教性機構，甚或提供政府資助，是可行的作法。但這樣的施政，是有附帶條件的，那就是，政府同其時有責任設立夠充足的其他領養機構，以致於同性家庭的收養權利並不因而受損。

台灣現階段同性婚姻修法的正反對決，讓平時不為人知的宗教自由議題成為輿論聚焦的當紅炸子雞。不管那些滿口宗教自由的反同信眾到底有幾分真心實意，或許，趁現在把宗教如何自由的人權法律規範講清楚說明白，其實是福非禍！

（原文刊載於二〇一七年二月十二日《傳揚論壇》）

不叫我們遇見試探，救我們脫離凶惡

有鑑於前總統陳水扁第一次政權和平轉移時，過多妥協當時政治大環境，致使轉型不正義的遺毒未除，在蔡英文政府重新執政後，黨產是否解凍，蔣中正遺像的去留，二二八屠殺事件、白色恐怖時期人權的侵害，以及其對族群的撕裂如何加以修復，種種事涉轉型正義的議題，刻正在台灣延燒。

做為和解的使者，基督教會在二、三月間也有諸多相應的活動。由天主教台北總教區及台灣基督長老教會日前假濟南長老教會，所舉辦的「二二八七十週年和好禮拜」，就是台灣基督教會界願意肩負起責任促進社會復合的例證之一。

然而，回顧世界歷史，相似的錯誤總是一而再的重複。健忘的人們之所以學不會教訓，其中一個原因是俄國文豪托爾斯泰所指明的：「每個人都想要改變世界，但無人願意改變自我。」

於是，錯的永遠是他／他們，於我／我們無涉；我／我們是絕對沒有也不會犯類似錯誤的；就算跟我／我們脫不了干係，我／我們的錯也遠沒有他／他們來得的多，不必深究檢討。

這樣的心態使得歷史究責這樁事，看起來，總是與記仇、算舊帳很像，連帶使得轉型正義往往遭譏為「得勝者的正義」。

這多少說明了《約瑟和他的兄弟們》在教會圈為何造成不小的漣漪。這第一本檢討台灣國語教會在戒嚴時期的「反共神學」與「黨國基督徒」作態的書，無奈，日前引來國語教會信徒「破壞教界和諧與合一」的攻訐。

而台語教會在回以「有真相、彼此道歉、互相赦免才會有真正的和平」之餘，卻也難免遭受市井清議，認為其對自己教會內部曾經出現的、黨國教交相賊的暗黑，選擇睜一隻眼閉一隻眼。非但教會史料不肯對外公開釋出，史學家亦出於教會內家族封建機轉的牽連瓜葛，而保持沉默。

國台語教會在轉型正義的追求上，各有各的言行不一，非但使得自己難堪「正義」二字，更致令教會內的「轉型」成為天方夜譚。

所不幸的，這不是台灣特有種，而是舉世皆然的「如何面對不光彩過去」的信仰掙扎。所幸的是，台灣或可借鏡其他國家教會的信仰成長之徑，免掉不少冤枉路走。

既然教會總是脫離不了定根所在的鄉土文化，以及其傳統的神學框架，唯有條分縷析教會內外政治權力究竟是如何盤根錯節，而神學典範與聖經詮釋又犯過哪些錯誤，來合理化「與極權共舞」「同人權對著幹」的過去，方是教會對內對外追求轉型正義的不二之途。

國外已有不少研究指出，無論是在德國納粹時期，抑或是在盧安達，及波士尼亞等地區，教會常責無旁貸出面敦促復合，但卻對自己在過去政教關係中所扮演的錯綜複雜角色，說不清，也道不明。

事實上，教會在極權政體下對大規模人權侵犯的涉入，並沒有想像得那麼含糊。它往往分為三個階段：首先，從事件發生前，教會把信仰認同與族群、國家與政治認同摻和在一起，為「我們 vs.他們」二元的、排他的意識型態，做信仰背書，使得信徒或教會對他人的痛苦與受迫害處境，完全無感；無感到一個地步，在事件發生的當下，信徒或教會為了求自保，不是對極權暴行沉默，或否認，便是積極參與在其中；到最後，在事情發生過後，教會即便承認有份於支持迫害政體，但卻在下一刻趕忙撇清干係。

連教會洗白自己的策略，也有固定的軌跡可循。一方面，教會堂而皇之地出來，站上受害者的位置，把自己群體內的受害者敘事，以及個別零星的反抗乃至犧牲的信仰先輩的事蹟，收割據為己用；另一方面，在公開的聲明及道歉文中，拒絕清楚明確地承認自己做為信仰群體及個別信眾所犯下的具體罪衍。

這是二合一的作法，缺一不可。先得要挪用他人的故事，才能輕易地轉移大眾的注意，讓人誤認教會的受害者身分，以致於不再追究教會集體或是信徒個人的歷史罪責。

以德國為例。在二次戰後，梵蒂岡先是要求紐倫堡大審不應只考慮猶太人遭受的苦難，應一併審理對天主教會的迫害，後以「教會普世的宣教使命」為由，拒絕協助法庭列出戰犯名冊，甚至主張戰犯應獲得赦免減刑，接下來，便開始忙不迭地大肆為基督徒殉道者賜福封聖。

如果學者瓦勒（James Waller）分析的是，以上算得是教會轉移注意力的慣用手法，那麼在這之後，曾參加過希特勒青年團的教宗本篤十六世，在二〇〇六年赴奧斯維辛集中營，以德國人身分，用德語在波蘭的公開致辭，便恰恰落實了教會的推委卸責。

教宗本篤十六世絕口不提德國人民的共罪，基督教會反閃族的意識型態，天主教會在那個時期的政教關係，以及自己加入納粹的親身經驗，但卻提及二位葬身在奧斯維辛集中營的天主教聖徒。

「人由於『拋棄天主』而為自己營造了具有毀滅性的集中營，是『人間地獄』的象徵」，殉道者修女史坦因（Edith Stein）和神父科爾貝（Maximilian Kolbe），卻是「在第二個千年末期當代虛無主義達到巔峰的見證人」。教宗為這段歷史定了調。

「教宗沒有一時半刻清楚地承認，猶太人的毀滅僅僅是因為他們是猶太人。」反中傷聯盟（Anti-Defamation League）的法克思曼（Abraham Foxman）的批評，一針見血地指出了天主教會的「國王新衣」。

回到輔仁大學教授曾慶豹所言，「台灣教會史上的一件血衣」，一九七〇年代台灣基督長老教會總會議長謝緯的車禍「意外」，以及被國台語教會長期無視的「血衣」件件！台灣教會在促進社會復和、追求「轉型正義」的同時，有必要先捫心自問幾個問題：宗教究竟該如何看待人權的價值，政教關係究竟應維持怎樣的分離又連結，教會政治該如何避免人治，如何先自行「轉型」、「正義」，以便於促進勇於反抗人權侵害的信仰文化，進而能夠靠著上帝的真道，救贖自己，如同主禱文所說的：「不叫我們遇見試探，救我們脫離凶惡！」

（原文刊載於二〇一七年三月十五日《公民行動影音資料庫》）

死刑火線上

在受難節期，死刑站上菲律賓輿論火線，教會內外正反方的交鋒角力，方興未艾。

戰線的拉開，始自菲律賓總統杜特蒂（Rodrigo Duterte）去年五月的當選。在發表當選感言時，他矢志要強力敦促國會通過吊刑處決立法，並授權查緝走私販毒的一線警察得以在必要時直接擊斃嫌犯。此舉旋即引發原本支持他的天主教、基督新教等教會，以及與基督教會淵源頗深的國際特赦組織等社運工作者的高度關切。

畢竟，菲律賓有著傲人的記錄，在一九八七年制定的憲法中全面廢除了死刑，成為亞洲第一個廢止死刑的國家。菲律賓基督教協進會（National Council of Churches in the Philippines）更是長期以來堅定廢死，「死刑違反了我們對上帝做為造物主並救贖主的信仰。在這方面，沒有任何人可以宣稱，國家可以人道處決囚犯。長期來說，死刑會強化社會對復仇的接納度，並且對暴力文化做出某種官方背書。基督教協進會主張，『處決使得加害者無法悔改並復歸社會，這是與基督教慈愛的教義相違背的，並違犯了生命神聖的價值。』」

然而，杜特蒂掃蕩犯罪的強硬立場，卻獲得鄉民們一面倒的喝采。對毒品、強暴、綁架勒贖，及謀殺新聞頻傳的不耐與絕望，讓人民普遍冀望不世出的威權領袖，還社會一個海晏河清。

與伊里亞思（Norbert Elias）在《文明的進程》（*The Civilizing Process*）所強調的，情緒自我節制的日益發展相悖，杜特蒂很知道如何操弄恐怖的情緒，來塑造自己的「超人」治理。「強盜並姦殺被害人，要判處二次吊刑。在囚犯被吊死後，還會有另一場儀式……直到頭與身體徹底分離為止。我就喜歡這樣，因為我瘋了。」新聞白紙黑字一句不落地把他在記者招待會的話記了下來。

「不過是瘋人狂語罷了，立憲民主國家，加上具決定性政策影響力、信徒人數佔總人口數八成的天主教，光一個總統，能幹出什麼驚天動地的大事？」不少人當時心裡可能或多或少這樣揣度。

不到一年，隨著七千條人命，盡亡於這場與毒品的宣戰中，菲律賓不單讓全世界人權運動者瞠目結舌，還一舉刷新了死刑的本土歷史記錄。

沒有錯，死刑之於菲律賓，並不是什麼殖民者的遺緒。早在遭外來政權入侵之前，死刑早已存在，只是很少真正執行。那個時候，社會大眾，包括受害者家庭在內，真正在意的不是生命無價，不是誤判的可能，而是死因的勞動力，因而死刑往往改判成為奴隸，做為減刑的措施。

之後，死刑處決開始被納入殖民與現代化進程。隨著西班牙的治理，不僅使得天主教會成為國教，死刑的處決方式也改為槍決和絞刑。受到美國在一九二六年使用電椅處決的影響，一向親美的菲律賓政府亦速速跟上了實施二次殖民的帝國腳步，在一九四六年至一九六七年間，打消了本想購置瓦斯室的念頭，改為進口行刑電椅。除了美國，全世界只有菲律賓是以高壓電流來執行處決的，真真是「美國第一，菲律賓第二」。

直到一九七六年後，處決才改採槍擊，在美國扶持的馬可仕（Ferdinand Marcos）政權任內，死刑不單用在殺人案件中，政治犯可以死，強暴、殺人乃至於毒品走私都可以死，統統以國家之名。

一九八七年，馬可仕遭軍事叛變，黯然下台，艾奎諾（Corazon C. Aquino）政府制定新憲法，第十九條人權法案第三款一邊鄭重其事地廢止了死刑，「殘酷不人道的刑罰不得執行。死刑亦不得判處」，一邊預留了後手，「除非涉及嚴重犯罪的壓倒性考量，國會重新立法制定之。」

結果是，後門越開越大，一九九三年至一九九四年國會通過死刑立法，改以毒藥注射。逐步地，遭判處死刑的人從叛亂犯，到擴及其他重大刑事案件。

與此相對的是，實際處決卻因天主教信仰的緣故，把關得蠻嚴格，向來都停留在偶發的個位數。二〇〇〇年，更為了是基督宗教禧年的緣故，暫緩執行死刑。

暫緩執行，年復一年，形成了實質廢死的局勢，待處決的死刑犯人數一路上升到一二〇〇多人。

到了二〇〇六年，亞羅育（Gloria Macapagal Arroyo）總統在即將赴梵蒂岡與教宗本篤十六世會面前，頒布特赦令，把所有死囚都減刑為無期徒刑，並簽署了第九三四六法案，終結死刑。

回顧這段死刑反覆廢立的人權演進歷程，無怪乎起初杜特蒂輔當選時，沒有人相信，菲律賓國會會真的配合大開殺戒，如同菲律賓人權委員會（Commission on Human Rights of Philippine）在二〇〇七年的報告〈菲律賓的廢死之路〉（The Philippine Experience in Abolishing' the DeathPenalty）所言：「今天對菲律賓人權委員會及生命權倡議者的挑戰是推動第二任擇議定書的簽署，以及體制化修復式正義的司改進路。如何解決一度導致菲律賓恢復死刑的相關議題，終結死刑導致的社會分歧，藉由修復式正義把受害者、加害者及社會大眾凝聚起來。」

一位原本支持杜特蒂的議員，阿天塞（Lito Atienza），在當選連任後，亦提醒切勿重啟死刑，「我們原則上主張，刑罰的確定施行，而不是刑度的嚴重，才是對潛在罪犯的有效恫嚇」，他主張以終身監禁來取代絞刑，「我們的替代選項如同把這個罪犯關起來，再把鑰匙丟掉」。

天主教主教會議（Catholic Bishops' Conference of the Philippines）主席，樞機主教維勒革斯（Archbishop Socrates Villegas）表示自己會私下找杜特蒂好好談談，勸他打消重啟死刑的想法。

人權委員會的主席（Jose Luis Gascon）更直接打臉，表示菲律賓的刑事司法目的是要讓犯罪的人得以有第二次改過的機會，死刑根本沒有給犯罪的人這條路走。

不料，腐敗、威權加上鄉民正義的三合一，結果竟是如此致命。事情一路急轉直下。

去年聖誕節期間有消息傳出，眾議院可能在聖誕節前通過相關法案，容許使用死刑在近二十種罪行上，而國會更打算把刑事責任的年齡限制下修至九歲。不少人擔心，接下來死刑很可能進一步擴大適用範圍，到年齡更輕的孩童身上！

馬尼拉樞機主教泰格（Cardinal Luis Antonio Tagle）於是在聖誕節期，藉發布眾教會必須在主日當眾誦讀的祈禱文之便，呼籲信眾拒斥死刑：「我們的土地上出現以正義為名的復仇訴求，要求增加死囚的數目，處決加害者，……唯願真正且持久的正義能夠在我們的社會生根茁壯。」

菲律帕拉納克救贖主教會（the Redemptorist Church of Baclaran）為了表達不滿，更是一反常態，把永恆拯救聖母聖龕（the National Shrine of Our Lady of Perpetual Help）的教堂布置成街頭行動藝術的抗爭現場。

當信徒凌晨四點多聚集在教會，沿著通道前行，準備望彌撒時，驚訝地發現二旁豎立的，不是傳統聖像，而是多幅寫實圖片，描繪菲律賓平民或是倒臥在血泊中，在蒙面持M-16步槍的警察腳前，或是堆積成山的屍體被鏟入路旁溝渠中，或是悲慟的妻子懷抱著斷氣的丈夫，或是群眾被拉起的布條隔開，或是尖叫不斷的女兒臉上閃爍著救護車的紫紅光……。

「讓我們打開心門體認，這個聖誕節我們看到的景象，就出現在我們生活的周遭。無可否認，我們的國家正在默默地受苦。聖家庭的意象就活生生地出現在那些非法殺人的受害者的身上。他們可能犯了罪，但耶穌卻原諒了他們。」主禮的神父阿克諾（Father Joseph Echano）身材矮小，音量不大，但信息卻振聾發聵：「弟兄姐妹，讓我們傾聽那些失去孩子的母親們的祈禱與哀嚎。」

聖誕節過了，紀念耶穌受難的大齋節期間來了。國會無視於天主教主教們先前公開表示，願意替死刑犯就死的決心，竟選擇趕在紀念耶穌受難的大齋節期間，快速通過死刑立法的議決。

這使得菲律賓天主教會決定要採取強烈措施來回應。二月十八日菲律賓天主教會舉辦了「為生命而走」的遊行，那時，有將近萬名天主教徒在艾奎諾廣場（the Quirino Grandstand）現身。泰革樞機主教在現場宣講信息時，呼籲所有基督信徒應以「積極非暴力」的作為，來回應杜特蒂總統的強人治理。

大齋節期的頭一天，三月一日聖灰日（Ash Wensday），眾議院投票二讀通過四七二七死刑法案。樞機主教維勒革斯率天主教主教會議發表聲明，嚴厲譴責這樣的作法，他說，眾議員在前額還留著聖灰禮儀的十字架記號，竟在聖灰日投票通過死刑法案二讀，是極其反諷的。「難道他們不記得十字架意味著什麼？難道他們沒注意到投票行為與前額上的十字架記號是相矛盾的？這本該是對上帝信仰的見證，見證上帝如何愛我們，為了拯救我們，不願看到我們沉淪（約翰福音三章16節），甚至不惜犧牲自己的生命。」

樞機泰革日前更挺身邀請天主教信徒在受難節的這一天，走上街頭，抗議政府死刑合法化。這場原為例行性的「十架苦路」，今年特別定調為「為生命而走的悔改大遊行」（Penitential Walk for Life），目的是期望大眾在反思耶穌的受難與死而復活的同時，能夠再次確認生命的神聖價值。

隨著法案進入參議院議程，號稱基督教國家的菲律賓，未來肯定還要與死刑有場艱苦的拔河。

（原文刊載於二〇一七年四月十九日《傳揚論壇》）

我們記憶的是同一個宗教改革嗎？

不少人對五百年前宗教改革的那段歷史與其神學的理解，存有二種迷思。一是認為，宗教改革是完全去性別的，與性別無涉。原因在於諸多對此時期進行的歷史研究只從男性中心的角色去做爬梳條理。長此以往，我們最常與宗教改革的聯想僅僅跟「五個惟獨」有關，即「惟獨信心」、「惟獨聖經」、「惟獨恩典」、「惟獨耶穌」，以及「惟獨上帝的榮耀」。而這「五個惟獨」看似普適於不同性別，自然孕育出性別盲的宗教改革記憶。

其二便是認定，由於新教對性採取較舊教更為正面肯定的態度，連帶地提升了婦女當時的社會地位。畢竟馬丁路德主張婚姻內的性行為是神聖的，此舉大幅改善了恐性教會對女人的歧視與監控。但這樣的看法往往忽略了天主教內部為了因應宗教改革的衝擊，而出現的「反宗教改革運動」（anti-reformation movement），同樣推動某種體制內的變革。因而，與其說這樣的認定是貼進歷史事實的評價，倒不如說，更多反應了新教形塑自身「改革者」形象的不遺餘力。

所幸，隨著性別研究的崛起，促使近來不少教會歷史學者開始追問，改革宗信仰與天主教在這個時期的諸多改革對婦女所帶來的衝擊和影響究竟為何。

一般來說，有性別意識的歷史學者對宗教改革這時期的研究旨趣，主要集中在二個面向上，首先，婦女亦是宗教改革的參與者，到底她們那個時候扮演的角色為何？其次，以男性改教者為主導的宗教改革與反改革運動，究竟透過哪些措施在「改革」或「宰制」婦女的言行舉止？

對於前者，越來越多過去不被重視的婦女史料，受到重新檢視，焦點多放在那些有著堅定獨立意識的婦女，像是違逆丈夫意志改宗的妻子，抑或是接受新教但卻仍舊留在天主教的修道院中的修女，還有那些因著家庭階級或特殊教會背景的優勢，得以站上宗教改革運動的風頭浪尖上，成為代表性女性領袖，諸如：古巴赫（Argula von Grumbach）、但提尼（Marie Dentiere）、莫瑞西（Angela Merici），以及艾維拉（Teresa Avila）。好奇的是，她們究竟採取了哪些奏效的策略，為自己掙出一片天？

這個向度的婦女歷史研究，想要呈現出的，不單單是一個受害者的面貌，更是反抗者的肖像。哪裡有壓迫，哪裡便有反抗。如同魏瑟（Merry E. Wiesner）所指出的，當宗教改革時期，不論新、舊教，視女性為性的受造，嘗試控管或規訓她們的性，許多婦女卻不因著生理性別而自限，大膽地依靠自己從上帝所領受的屬靈恩賜，以及智性的出眾，獲得了某種程度的自主。

至於後一個問題，宗教改革時期社會對「第二性」的控制，手法其實百百種。其中最為首要的，是透過對社群意識的營造，將她們排除在公共領域之外。研究宗教改革時期德國婦女如何適應新教「社群」（community）的學者若珀（Lyndal Roper）以為，很可惜，那時的新教「社群」根本上仍是父權的，婦女往往無法參與擔任公職者公開起誓的這類具公共意涵的社會儀式，顯示這樣的「社群」並未把婦女亦視為是公共領域的一分子。理所當然，當婦女試圖發動自己的政治訴求時，他們零星的反抗行動往往被視為是違逆了社會有關於性別的規範，是具顛覆性的，恰如同當時的農民革命一般，應當嚴加控管。

學者撒薏（Gabriella Zarri）則把焦點放在天主教女性聖徒的宗教經驗上，她指出一項不容忽略的事實，十五世紀天主教內部女修會數量顯著增加，特別是由平信徒婦女所組成的「第三修會」（the Third Orders），她們認同在修會需遵守的規範，彼此相伴生活在一處，但卻沒有發聖願。無奈，隨著旨在反新教改教運動的特倫托會議（the Council of Trent）召開，教廷開始緊縮這類「第三修會」的存在空間，修道院越發與外隔絕，「第三修會」的成員被要求轉為修女，並且住在修道院中。順此，從十五世紀中葉到十七世紀，女性遭冊封為聖徒的總人數開始下降，而少數封聖的婦女，形象也從過去佔多數的秘契主義者，轉而成為修道院的改革者。

另外，值得注意的是，除了這些聖女，社會上還有不少「墮落」（fallen）

的婦女，像是被控從事非法性行為的，如娼妓、失去家庭支持的婦女等。柯罕（Sherrill Coheng）在探討天主教的反改革運動與婦女避難所的關係時，發現在這個時期，有非常多的新型態的、類似現今所謂的「中途之家」成立。

大約從十六世紀起，就有不少是專門收容「墮落」婦女的這類「中介」機構，一方面，這裡的生活具有懲戒的性質，但婦女在這裡停留的時間，亦具備某種「過渡儀式」的功能，藉以獲得「淨化」，以便日後可以重拾尊嚴復歸社會。同其時，亦有不少機構是提供在天主教會下無法離婚，但卻亟需要逃離施虐丈夫及遭遺棄的不幸婚姻的婦女，免得她們進一步受到性的誘惑而沉淪。

同其時，隨著方方面面的宗教改革時期婦女歷史研究問世，環繞著家庭的新舊教相關爭議，也浮上了檯面。傾向支持舊教的學者主張，新教的改教運動，強調以成家來取代守獨身做為更好的在世生活的選擇，配合強迫關閉修道院的種種措施，乍看之下，彷彿是對性壓抑的翻轉、道德鬆綁，事實上，卻有害於婦女脫離父權家庭的宰制，讓她們再無「破門出家」的可能，而不得不更加地臣服於父兄及丈夫。

但持不同看法的學者，如歐茲蔓（Steve Ozment）卻主張，縱使新教根據聖經所言「丈夫是妻子的頭」，支持男性家長制，但新教對婚姻的理解基本上是男女平等的夥伴關係，並且容許離婚與再婚，這些作法使得婦女得以解放，不必再忍受不人道的婚家鉗制。

離婚制度的成立的確是創舉，但瓦特（Jeffrey Watt）實際檢視當時離婚成立的要件及實施的情況，便發現離婚仍舊只是少數，而且侷限在通姦和遺棄二類情況，至於對待妻子殘酷的理由，從十六世紀一直到十七世紀，都不被教會接納。歐洲的家事法庭對那些遭到丈夫虐求的妻子並沒有提供多大幫助。對待通姦的性別雙重道德標準，仍舊非常普遍，法庭不僅常拒絕遭誘姦的女性提出的婚姻訴訟案，而男性因此得到的刑罰，相較於女性，亦往往輕得多。

由此可知，宗教改革運動在當時所打開的性別解放之門，並沒有想像的大，且若無其他諸如就業及社會安置機轉做為配套，其實充其量是看得見吃不到的畫餅罷了。

整體而言，宗教改革對婦女的衝擊，很難簡單以進步或退步來概括。比如說，縱使在修會中的女性地位，往往因新教的宗教改革而面臨倒退，但在新教主導的地區，一般婦女的教育機會卻大大增加。至於那些沒有政治影響力及經濟機會的、絕大多婦女，改教前與改教後，不論是在路德宗、加爾文、安立甘或是天主教的領土上，處境其實沒有多大的改變。不過，上述的性別歷史研究均指出，不同的社會位置、地區的文化差異，和家庭的階級背景，對個別女性的自我發展空間有著舉足輕重的影響。

為什麼一個號稱改革的時代，在性別平等的意識上，卻缺乏夠革新的覺醒？當新教宣稱改革是一個不斷進行的運動，不夠改革的過去，到底對日後的教會傳統、神學建構帶來什麼持續影響？更重要的是，當新教傳入多元文化和族群的台灣，究竟哪些性／別議題的發燒引發基督教會與社會嚴重對立?本土婦女神學又該如何汲取過去宗教改革運動的歷史教訓，透過除了聖經及教會傳統之外的其他二大神學支柱——理性與經驗，在現階段教會內革新與守舊的張力中，掙扎前行?

這是現階段號稱「釘根在本土，透過愛與受苦，成為盼望的記號」的基督教會在紀念宗教改革五百週年時，所不得不思索的課題。

（原文刊載於二〇一七年五月十二日《傳揚論壇》）

婚姻大地震又怎麼樣？

同性婚姻釋憲日前出爐，恰巧趕上南部地區發生數次地震，不少基督徒開始穿鑿附會，宣稱「婚平釋憲引發上帝不滿，才有地震示警」。將同性婚姻比作「潘朵拉的盒子」，甚至把自然天災「大地震」與其相連結，訴諸群眾的恐懼，這並不是首例。

台灣民意基金會去年十一月發表有關於婚姻平權的全國民調，指贊成與反對比例旗鼓相當，唯強烈反對者多於強烈贊成8％，基金會董事長游盈隆便曾因而預測：「同性婚姻合法共識零」，若立院通過，「就會像是十級大地震」。此言一出，引得不少檯面上的政治人物，上至總統，下至各級民意代表，對婚姻平權紛紛「保持距離，以策安全」。

其實，同性婚姻合法化，不單未構成對婚姻體制的否定，相反地，誠如大法官釋憲文所言，還「可與異性婚姻共同成為穩定社會之磐石」。猶有甚者，因其對少數群體的婚姻與人格自由、人性尊嚴等基本人權做出積極保障，更有助於推動公平正義的落實。

退一步想，就算婚姻體制真的發生了大「地震」又如何？反同的基督徒不必太恐慌。太陽底下沒有新鮮事，婚姻體制，光就基督教會史來看，此番也非絕無僅有的頭一遭「地震」！

五百年前適逢宗教改革時期，就有了一場家變。離婚，不是休妻，不是分居，不是撤銷結婚，正式成為法律制度下不幸配偶的另類選擇。

可是，聖經不是說「上帝所配合的，人不可以分開」？為什麼那個時候的新教徒膽敢支持離婚合法化？他們據以支持離婚的理由為何？

當然不是聖經！這一切無非是出於當時對社會現實的考量。在天主教的體制下，婚姻是聖禮，除非通姦或不能人道，否則只有死亡，可以解消婚約的束縛。然而，新教一來鼓勵結婚，認同保羅所言，不是人人都有能夠從上帝領受的守獨身的恩賜，又考量到那些守不住的人性需求，叫怨偶終生分居，各自不得再嫁娶，不僅殘忍，而且實際上也做不到。與其讓婚姻外的小三四五，成為人人看得到的「房間裡的大象」，不如二害相權取其輕，同意立法離婚後再娶，還能保住人們對於婚姻做為理想的些許憧憬。

改教者們當時固然有這樣的遠見，明白在理想與現實間折衝的重要，無奈，卻因為故步自封在承襲自舊教的性別刻板印象，以為「女人受造就是要安靜，溫順，成為男人的幫助」，以及當時的封建父權社會現況，而不能真正設身處地考量到婚姻中婦女「生命不能承受之重」，致使歷史學者戴維斯（Natalie Davis）批判新舊教不過是五十步笑百步，若說新教是「在一起卻不平等」，舊教便是「區隔且不平等」。

君不見，加爾文明白主張，信奉改革宗的婦女，不該離開會施虐的丈夫，除非她的生命受到了威脅。

事實是，縱使婦女的生命受到了威脅，離婚也未必獲得法庭的同意。

一五四二年，在日內瓦，一個伐木工人毆妻，把妻子的一隻眼睛給挖了出來。結果加爾文教派下的長老法庭只是各打五十大板了事，命令加害者必須對妻子溫柔些，另一方面，要求妻子要順服丈夫，不要激怒他。

在新教的另一處改革重鎮，德國的奧格斯堡，曾有家事法庭接受過五個以殘酷為由訴請離婚的案件。無奈，沒有一個獲准。在這類不堪同居的情況，法庭寧可對分居的現況睜一隻眼閉一隻眼，也不同意離婚。

至於遭另一半惡意遺棄的配偶，通常也必須等待很長一段時間，離婚申請才能獲得法庭的受理。這往往意味著七年的等待期。縱使是在另一方因為犯罪而遭到流放的情況，配偶仍舊必須等待七年才得以獲准離婚。而如果配偶在知情的情況下，容許其另一半持續婚外情，或是曾經原諒了對方的不忠，那麼即便對方有過失，配偶日後也不得提出離婚申請。

在當時的社會，識者不消多想便可得知，是男性，並非女性，往往成為有過失的一方。不過，真的會因通姦而提出離婚訴訟的，多半是男方，而非女方。這背後有許多原因造成，諸如經濟上的考量，以及社會對男性的性出軌有較多寬容。

以「護家」為名所發展出的各式各樣對於婦女服飾裝扮上的限制，有時更被衛道人士大做文章，其重要性甚至凌駕於聖經之上。貴族女性摩內（Charlotte de Mornay），是一位加爾文派的信徒，在一五八四年，因為婚後仍配戴捲髮，致令全家遭到蒙托邦（Montauban）教會開除會籍。她不服上訴長老法庭，直白地當庭表達不滿：「把男人的意見，縱使意見是好的且神聖的，當作是上帝的誡命，這是有害的。我希望，為了教會的福祉與和諧，這件事可以獲得澄清。」

在宗教改革時期，對婦女的外在裝扮管制很嚴。女人未披戴頭巾遮蓋長髮，意味著他人是可以與其發生性關係的，她要麼是處女，要麼是娼妓。包括特士良等教父傳統都要求婦女蓋住頭髮，主要便是為了控制婦女的性，並責令其順服父權體制。這就是為什麼頭髮看起來事小，但其中涉及到的對「第二性」的規約卻關係很重大，且環繞著家庭，而向外延伸到教會，乃至社會各層面。

回顧五百年前的那場家變，我們如今非但不會為離婚法制化而大驚失色，危言聳聽世界末日的將臨，反而會稀奇那個連女人頭髮都要管的時代，難道沒有別的更重要的事可以做了？

現今願意接納所有離婚再婚的弟兄姐妹，讀神學院，獻身參與服事的教會，是否該反思「上帝所接納的，人不可以看為不潔淨」，「如今常存的有信有望有愛，其中最大的是愛」的信仰奧義，捫心自問，究竟是根據什麼「天大的」理由，拒絕給予教會內的同志，以及社會的性少眾社群，同我們一樣應享有的公民權利？

大法官釋憲文已出，希望台灣基督教會界的反同勢力可以知所進退，不要再信仰立場盡失地，和萌萌們跑去上街頭，寄冥紙，非得弄出個「現代版馬丁路德」，不惜破門出家，在教會門上釘上「性別平等九十五條論綱」，方肯罷休。

（原文刊載於二〇一七年五月廿七日《上報》）

「宗教改革」是否為倖存者偏差?

鑽研重大歷史轉折時期婦女所受到的衝擊的著名學者凱利（Joan Kelly），原本是從一個簡單的提問出發的：「女人有過文藝復興嗎？」找史料的過程很漫長，但結果很簡單，可以一言以蔽之：「沒有，或者，至少不是在文藝復興時期。」

她的一問一答不僅開啟了性別做為歷史分類範疇相關研究，就好像階級和種族一般，更點燃了其後數十年間學術圈對於歷史究竟該如何分期並加以評價的戰火。

女人有過宗教改革嗎？

把「文藝復興」直接換成「宗教改革」，對基督徒來說，會更加清楚歷史學界的此番風波。專攻現代前期性別歷史學家魏瑟（Merry E. Wiesners）說得好，縱使新舊教對教會組成及神學信念有所不同，但在性別觀念上卻並無太大的不同，都反對女性領導，都認為女人受造的目的就是在幫助男人罷了。既然宗教改革的發展對構成半數的人口沒有帶來多大的改變，究竟站在誰的立基點，根據哪種正當性，基督教會長期以來一而再地推崇，五百年前真的有發生的一場「改革」？

是的，馬丁路德的確在《致德意志民族基督徒貴族書，論基督教社會的改革》中，引用聖經哥林多前書、彼得前書，以及啟示錄等經文，提出了「惟獨聖經」、「信徒皆祭司」，以及「兩個國度」說，來制衡當時獨大、腐敗的羅馬天主教教廷。

「基督並沒有一個屬世和一個屬靈的兩個不同身體」，「若我們都是祭司，同有一個信心，一個福音、一個聖禮，為何我們沒有權力去測試和判斷信仰中什麼是對和錯呢？」他如是質疑。

他又直言，所有基督徒在世所從事的工作，恰如身體的百肢是彼此服務的，「基督徒俗世的權力應該無阻地行使它的職務，不管是否涉及教皇，主教或神父。誰犯了罪，誰就應受處分」，說得一派冠冕堂皇的。

可惜真相卻絕非如此。改教者多半過分妥協於當時貴族階級的保守維穩立場，以致於上述三大宗教改革的神學主張，並未加以透徹地論述，或貫徹在教會，乃至於那個被全面基督教化的社會中。以家族血脈做為社群主要連結的封建社會，要維穩，便是得確保家庭內的兩性分工得以充作社會基本的組織架構。自然，具性別平等意識的批判，從來未入男性改教者的法眼。

君不見，馬丁路德說得很直白，女性是「半個孩子」，是「野生動物」，存在的目的便是要盡婦道，「女人該受尊重，因為她受造是為了在男人的身邊，按誠實敬虔之道養育兒女成人，又要順服男人」，「正如太陽比月亮更榮耀，女人就像月亮，在榮耀與尊榮方面不及男人」。

而另一位蘇格蘭的改教先鋒，諾克斯（John Knox），更大言不慚地論斷，「女人受造最完美的部分，就是可以順服和服事男人」。

在所有改教者中，加爾文算是對女性最為友善的！他肯定婦女也有恩賜，能夠講道，主張禁止婦女在會中發言的主張，係來自於人的傳統，絕非上帝的神聖律法。句點。

善意僅止於此。至於如何在日內瓦打造一個嶄新的、性別正義的社會和教會體制，這完全不干加先生底事！

於是乎，在宗教改革時期便有著如此光怪陸離的現象——主張「信徒皆祭司」，卻不同意婦女積極參與宣教工作，乃至於女人因世襲得來的統治地位都受質疑，宣稱「惟獨聖經」，但無能正視其權威的來源與界限，同聖經翻譯中經常可見的性別偏見，還有力陳「世上國度的權柄」，卻未能省視對待常被界定為異端的婦女的態度，以及宗教包容的重要性。

果真信徒皆祭司？

雖說有不少女性統治者是同情甚至支持宗教改革的，也有不少具貴族身分的婦女為文捍衛改教者，但嚴格來說，新教對女性在教會內外的權威，均抱持質疑的態度。頂多是選擇性支持，並沒有性別平等的概念。

那些為宗教改革發言倡議的女性，在改革運動一旦大勢底定後，往往成為改革宗教會要加以改革的對象。教會當局根據保羅在提摩太前書二章11節到15節所言，或要求婦女噤聲，或禁止她們寫作或出版，或對作品加以審查。於是那些堅持自己領受上帝恩賜的婦女，不得不把性別規訓這檔事升高為神學論爭，用新時代的信仰觀念來為自己辯護。這樣一來，恰恰突顯出婦女對於何謂「改革」，其實有不同於當時男性改教者的想法。

像勇敢出聲力挺改教者馬丁路德的女作家，古巴赫（Argula von Grumbach）便自辯，時代情勢所迫，當男人不能或不敢發言，女人便有責任挺身而出。日內瓦改教運動的婦女神學家但提位（Marie Dentiere），則訴諸信徒皆祭司原則，抗議說：「我們豈有二本福音書，一本給男人，另一本給女人？我們不應該，如同男人不該，把上帝啟示我們女人的，埋沒掩藏在這個世上。」另一位婦女改教者塞爾（Katherina Zell）更大膽地要求教會當局，若要對其作品進行審查，應依據賜給人聖靈的上帝的眼光，而不是看作者是不是女人，來加以評斷。

至於改教者在性別政治立場上見風轉舵的絕佳實例，出現在英國。在篤信天主教的英格蘭瑪麗女王執政時期，部分新教徒曾提出激進的反抗理論，否定女性權威的正當性。換成支持新教的伊莉莎白女王一登基，同一批人士便隨之吹起了不同號角。

在〈第一響號角〉中鼓勵信徒起來反抗的諾克斯夸言，女人都應服從男人，沒有任何合法例外，即便是女士師底波拉，也並未因擁有上帝特殊恩寵，而獲得合法的治權。

哲學家培根（Francis Bacon）在一五五四年出版《致上帝之懇求》，更引用創世紀三章16節：「你必戀慕你丈夫，你丈夫必管轄你。」以及提摩太前書二章11至12節：「女人要沉靜學道，一味順服。我不許女人講道，也不許她管轄男人，只要沉靜。」向上帝抱怨，為何不給英國一個有德的君王，卻讓一個女人來統治？

不料，沒過多久，伊莉莎白女王於一五五八年繼位，新教徒的言論馬上出現一百八十度轉向，重彈天主教「不拘君王性別，在下者應服從在上掌權」的基調，倡言女性統治是合於上帝的旨意，且與法律、習俗和歷史經驗並不相斥。

諾克斯轉而勸誡伊莉莎白女王：「在上帝面前，你若能使自己謙卑，猶如我讚頌上帝讓英格蘭境內受苦的人民，在你這個軟弱的器具中，得著安息，那麼我的舌和我的筆便用來捍衛你的權威和政權，一如聖靈保護以色列受恩賜的母親底波拉。」

係金耶惟獨聖經？

創世紀三章的經文，不只影響了宗教改革者的性別觀念，甚至至今仍在不少保守派信徒心中發酵。它們究竟是如何被翻譯的？在翻譯的過程中，是果真惟獨聖經別無其他嗎？答案，其實是否定的。

學者考斯（Helen Kraus）研究希伯來文聖經中創世紀一至四章的經文，比對並說明同樣的經文是如何被翻譯成五個不同版本聖經，分別是：(1)希臘文的七十士譯本（Greek Septuagint），(2)由耶柔米在四世紀譯成的拉丁文的聖經（Latin Vulgate），(3)馬丁路德一五二三年的德文聖經，(4)一六一一年的英文欽定版聖經（King James Version）及與此有密切相關的一五三〇—一五三四年丁道爾（Tyndale）聖經，以及(5)荷蘭文（Dutch）聖經。

她發現，由於語言的不同，翻譯者在翻譯時並不單單要提供精準的翻譯，更必須讓遠離聖經原文的文化及歷史背景的讀者可以了解，不可能有翻譯是不帶有譯者自身的聖經詮釋在其中的。不幸的是，聖經在迻經翻譯的過程中，越來越往性別不平等及男性中心主義的方向發展。許多宗教改革時期的性別角色、婚姻及男女關係的信念，就這樣「自然地」被挾帶進聖經翻譯中。

縱使翻譯沒有「走鐘」，也不代表聖經字句都該被拿出來當成法典來執行。這就是為什麼馬丁路德早先在講「惟獨聖經」時會這樣主張：「若聖經被引用來反對基督時，我們應該以基督反對聖經。」只可惜，這樣的信念一遇到性別議題便轉彎，要推倒隔離的高牆的基督，現在成為男人的主，為「男女有別但平等」的性別觀念背書。

兩個國度，有影沒？

再來論到宗教改革時期的兩個國度觀。馬丁路德主張，不信上帝的人不會願意服從教會屬靈的領導，過聖潔生活，所以上帝提供了「俗世的國度」，使得他們因著世上政權的治理而不至於作惡。

「上帝的國度」是透過福音來治理，但「俗世的國度」卻由法律來統治，不僅異教徒，而且人人都可以掌權，其目的不在使人信主，而是用於維持外部和平，並防止犯罪，因而永遠無法企及上帝的公義。

「福音vs.法律」，「上帝的國度vs.俗世的國度」，係後來主張「政府不得在宗教事務上有所偏私，或是任意限制宗教自由」的政教分離芻型。這不單單是馬丁路德的主張，包括加爾文等改教者，也有類似的說法。

要落實這個宗教改革時期的政治理想，「理所當然」會涉及到如何對待在他們當中的異教徒，像當時住在歐洲的回教徒和猶太教徒，甚或對教義有不同理解的異端，以促進社會的和平與基本的正義。

只可惜，理所當然的事，一涉及到世上的國家如何處理異端，主要是女巫獵殺，和命令所有人上交十分之一教會稅的事上，就完全破功。

先來說說異端審判和獵巫。每個時期都有人相信巫術，社會也都採取某種控制手段，但像在以基督教為國教的歐洲和新教為主的美洲殖民地所發生的大規模獵殺女巫，卻是極其罕見的。就其意識型態來看，這與當時的「厭女」情結及其背後的意識型態有很密切的關係。採取二元論的思維，把「自然 vs.文化」、「肉體 vs.心靈」、「情感 vs.理性」兩兩對立，把女人視為前者的肉身化，男人視為後者的代表，會「厭女」不過是剛剛好而已。這也說明了，為什麼平平都會受魔鬼誘惑，卻只有女人會被認定與惡魔性交，因而導致獵巫事件中遭到起訴、審判及處決的嫌犯，將近85%都是女人。

從宗教神秘經驗到社會公共事務上，女人都受到歧視與打壓，終於導致了大規模的反抗行動。著名的英國極端派（radicalism）婦女，因拒絕上繳十分之一的教會稅而發動的連署運動，便是例證之一。

一六五九年七月二十日，因為在國會有不同的聲音，而無法通過廢除教會稅相關條例，貴格會的婦女直接寄送了一份有著七七七六個完整簽名的連署訴願書給相關立法單位。這份自稱為「上主的使女和女兒」書（The

"Hand-maids and Daughters of Lord" book），內容包括了一項由女宣教師弗斯特（Mary Froster）寫的前言，以及反十分之一教會稅的連署，請願者多來自柴郡（Cheshire）、林肯郡（Lincolnshire）兩郡內一共二十九個不同地區的婦女。

原本學界以為這些婦女都是出於貴格會的背景，後來透過與其他出生記錄及身分證明文件的交叉比對，發現這是罕見的跨教派的婦女政治運動。其中有將近一半並非貴格會成員，而是她們的朋友和家人，或來自原本敵對的教派。

為什麼有這麼多的婦女勇於具名連署？可能是為了信仰自由，不願意交稅去支持英國安立甘教會，也極可能是因為只有她們才能體恤寡婦及未婚婦女的普遍經濟困境。

簽名極可能是在聚會時收集的。可想而知，日後因具名連署請願而遭到迫害的女性，亦大有人在。淪為政治犯，成為見證婦女十足十是政治運動參與者的歷史證據。

也是倖存者的偏差

心理學所謂「倖存者偏差」（survivorship bias），指的是只看到經過某種篩選而產生的結果，據以做出推論，卻渾然不覺篩選的過程，早已預設了某種先存的偏見，因而往往忽略掉關鍵的重要資訊。

面臨婚姻平權帶來的教會政治版塊的異動，及神學信仰的衝擊，現在不少信徒和牧長開始發起「改革中，長老教會」的運動，引起台灣基督教圈內外的熱議。支持或反對者均訴諸宗教改革來正當化自己的立場，或是要求反改革的一方應接納「真誠的」反對者，或是要求改革者尊重改革宗好不容易建立起的代議傳統，卻渾然忘卻那一場宣稱的「改革」（或鬥爭）及其訴求的三個神學「主張」（或謊言）的時代背景與遭噤聲的反動聲音。

這是否也不自覺具現了某種宗教改革的「倖存者偏差」？若是，這樣的「倖存者偏差」，是否真的能打造一個具性別公義遠景的教會？

（原文刊載於二〇一七年六月一日《傳揚論壇》）

從閹人的釋經爭議談酷兒神學的建構

——從「姬別霸王」到「太監別使徒」

在台灣，隨著二〇一三年多元成家議題，到二〇一六年同性婚姻法制化的爭議逐漸檯面化，所謂的「酷兒釋經」亦開始受到教會界的青睞。或是有人訴諸歷史批判，稱這些「反同經文」的寫作背景都與猶太教或基督宗教為了建構獨特的身分認同，批判異教風俗有關。或是有人訴諸經文批判，依據上下文脈絡，抑或其他佐證，推定真正受譴責的，並不是同性性行為，或是現今所謂的同性戀，而是以暴力壓迫他人的行徑。釋經者在此採取的是消極的策略，要證成的是，聖經並不反同。

然而，不反，並不代表支持。要再往前進一步，積極證明聖經支持同志，作法便是大膽去揣測聖經中的男男情誼，說他們亟可能是同性戀。從舊約的約拿單和大衛，一路數算起，到新約的百夫長和他的僕人，再論及耶穌和那位主所愛的門徒，以此證明聖經潛藏著支持同志的敘事。

釋經如何可以更酷兒

這些詮釋的努力多半假定聖經經文前後一致，而他們所致力的，便在解出一個「客觀的」支持同志的或是不反對同志的經文釋義來。但這樣的詮釋策略是有問題的。一來，真的「有而且只有一種」客觀且真正的聖經釋義？在諸多聖經釋義皆可行的情況下，究竟為什麼我們要或應該選擇這樣的詮釋？這涉及神學倫理以及詮釋學的基本假定，遠遠不是解釋「同志經文」或「反同志經文」所可以提供的。再者，這樣的詮釋策略彷彿是在暗示，整本聖經只有那些經文是對同志在說話的，其他的經文都不重要。這當然不是事實！同志只不過是身分認同政治的一種類別罷了。用同志的新眼光解經，是否可能會產生什麼令人喜出望外的聖經詮釋，有助於處境神學的建構？最根本的關鍵，或許還是在於，對於那些乍看之下不可拯救的歧視性經文，到底有什麼「必要」非得用詮釋拯救到底？花大力氣這樣做，是否真的「合算」？

酷兒釋經，與其侷限在少數經文，倒不如從個別經文釋義轉向對「何謂正典」的探討，來得有前途。何不直接承認聖經並不都是正確的，前後經文立場也不都是一致的，因而真正重要的是，如何從中辨別出哪些核心經文才算是「正典中的正典」，是真正攸關上帝國的福音，藉此來帶出切合時代需求的、攸關性別解放的好消息？

不過，釋義問題也並沒有這麼容易就解決。即便肯定先知對當權者的批判，或上帝在歷史中的解放作為，堪為「正典」的判準，聖經詮釋的方法論問題仍舊存在。到底哪些個經文可以適切地做為信仰與處境的連結點？這需要詮釋者一方面對處境加以適切地形構，另一方面，串連起說服性夠強的經文釋義。

特布爾（Sandra Turnbull）在《上帝的同志計劃》（*God's Gay Agenda: Gays and Lesbians in the Bible, Church and Marriage*）肯定尼西南

（MartiiNissinen）的看法，「性傾向的類比代表了現代的分類，……它假定了性特質的概念，……對於研究古代文化可能較無助益」，認同布魯騰（Bernadette Brooten）所說，「古人對愛慾傾向的矩陣包括了究竟一個人採取主動或被動的性角色，以及性別、年齡、國籍、經濟、法律身分（奴隸或自由之身），和伴侶的社會地位」。所以，她選擇閹人（eunuch）做為聖經如何看同志的切入點，認為這個指涉男女生理性別（sex）之外「第三性」的聖經用語，非常像現今依據性傾向特質來界定的性別身分認同。

閹人釋經及其爭議

耶穌說過：「因為有生來是閹人，也有被人閹的，並有為天國的緣故自閹的。這話誰能領受就可以領受。」（馬太福音十九章12節）據此，特布爾主張，「這第一類閹人，即類似於我們今日所理解的男女同志」[一]，因為「天生的閹人」與「人為的閹人」不同，因為他們未受閹割，且受同性吸引。

一 Sandra Turnball 著，張藝寶譯，《上帝的同志計劃》（台北：社團法人台灣真光基督教協會，二〇一五），頁三六—三八。

基於「凡外腎損傷的，或閹割的，不可入耶和華的會」（申命記二十三章1節），她更認定，書中所處理的五處論及閹人的經文，分別是：歷代志上二十八章，列王記下二十三章11節，耶利米書三十四章19節，耶利米書二十九章1至2節，以及使徒行傳八章27至39節，無一例外，都在論及同性戀，非「人為閹人」。

她以「閹人民族」來統括稱呼現今的同志群體，之後更擴及所有性少眾群體，認為他們不只可以被視為是一個「族群」（就是一群認為彼此有共同相似屬性的人），更能被看為是一個「民族」（縱使沒有領土、沒有共同的經濟生活，沒有共通的語言，卻能因其特有的文化所構成的人民團體）。[二]同性性傾向，她以為，是上帝所分賜給「閹人民族」的恩賜，這意味著，上帝不僅是「生物多樣性」的源頭，更是「人類多樣性」的創造主，因而上帝對婚姻的祝福同樣適用在同性伴侶的身上。[三]

二 同上註，頁一三五—一四九。
三 同上註，頁一五一。

猶有甚者，當太監（那些個天生的閹人）為自己沒有後裔，比喻自己是枯樹的時候，上帝會按照他在所應許的，「那些謹守我的安息日，選擇我旨意，持守我約的太監，我必使他們在我殿中，在我牆內，有紀念碑，有名號，勝過有兒有女，我必賜他們永遠的名，不能剪除」（以賽亞書五十六章3至5節）。

持平而論，聖經中論及閹人的部分，其實太輕薄短小。這個取向的新眼光釋經所具有的說服力與證據力，主要是透過跨文本詮釋（intertextual interpretation）來取得的。所以她花了不少篇幅在引述經文外的其他文獻，像是《查士丁尼法典》中提到，閹人只是通稱，有自然的，有人為的，還有其他種類的。特別當論到閹人結婚的嫁妝爭議時，烏爾比安這樣說：「我認為應該從這個男人是否有受閹割來劃分差異，如果他已經去勢，可以不用附帶嫁妝，但是如果他沒有去勢，就可以有嫁妝和儀式，因為他們可以舉行婚禮。」[四]

[四] 同上註，頁四四。

她進一步指出在當時其他的異教文化中，對這種天生閹人，業已具有某種素樸的判別依據。比如說，巴比倫的猶太法典《塔木德》中第三冊〈婦女婚姻法〉第一章〈夫兄弟婚法〉（Yebamoth）中提到了，基本上要判斷一個人是不是生理外觀為男性卻天生是個閹人的，主要是根據體毛，像是有沒有長陰毛和鬍鬚，毛量多不多，以及小便的形狀和尿液樣態，乃至於聲音是否有符合變性後的男聲或女聲，來做為判準。[五]而判斷女性的「天生的閹人」方法也是相類似的，「任何年滿二十歲卻還沒長陰毛的女人，而且就算她之後長了毛，她仍在各方面被認定為閹人，她具備以下這些特徵：沒有胸部，在性交的時候疼痛受苦……拉比以利札說，『這種人的聲音很低，讓人無法分辨是男是女』。」[六]

天生的閹人仍舊會有性愛的需要。後天「人為的閹人」，若是在成年後才遭閹割的，據信也仍舊保有愛慾的能力。在次經及教父的相關作品中，這樣提到了閹人情愛，〈所羅門智訓〉（The Wisdom of Solomon）的三章14

五 同上註，頁四四—四五。
六 同上註，頁四六。

節說，閹人會透過自慰來獲取性滿足。教父革利免（Clement of Alexandria）甚至警告，基督徒不要讓閹人侍從（不論是天生閹人或是人為閹人）來照顧家室，因為「一個真正的閹人並非無能」。教父格列高利（Gregory of Nazianzus）也同樣提醒，「天生的閹人」不要驕傲，「因為考驗未到，你的自制力也未經試鍊證實。因為自然所給予的用處，並非獎賞的主體。……做為燃燒用途的火有什麼獎賞？……自然的守貞並不值得稱讚」，甚至告誡他們不要因受到其他男人或女人吸引，而涉足異教信仰場合，與同性的廟妓發生關係，他鼓勵他們，「尊敬神性而不邪淫，既然已經嫁給了基督，就不羞辱基督」。[七]

由於生育在猶太文化中是件大事，因而他們認為，這些人的一生註定不幸。「拉比約瑟說，『我聽到亞米人說的一定是這種閹人，他從出生就受此折磨。』」而拉比們對「天生的閹人」給予的評價都不太好。[八] 閹人被看待的方式，比起瞎眼、跛腳的，沒有好到哪裡去。

七 同上註，頁五〇。

八 同上註，頁四五。

閹人釋經的詮釋策略，是值得肯定的。它不但翻轉了對同志的歧視，更藉著翻轉對閹人或「性障礙」（sex disability）的污名，提出了「人類多樣性」的訴求。這不意中呼應了普世教會協會在〈存在的禮物〉（The Gift of Being）聲明中提出的殘障神學人學。[九]

但特布爾的詮釋也並不是毫無問題的。首先，當時的「天生的閹人」判斷依據，是相當素樸的，其實未必就是等同於男同志或女同志，還可能包括雙性人（intersex），和部分跨性別（transgender）等性少眾。其次，她對於閹人的成因過度訴諸「天生」和「人為」的二元架構，排除了經文亦涉及「人為的閹人」的可能。最後，也最令人不解的是，在沒有充分證據的情況下，她竟一口斷定「人為的閹人」是撒旦企圖混淆神對其閹人百姓旨意的，認為傷害身體的「人為的閹人」是不可取的。這樣一來，不但與先前所謂的「人類多樣性」主張相抵觸，更會使得同為性少眾的跨性別乃至於雙性人處境遭邊緣化。

九 WCC, "The Gift of Being", https://www.oikoumene.org/en/resources/documents/central-committee/2016/the-gift-of-being.

事實上，如今反同反得厲害的教會，在歷史上，曾為了讓男聲女高音得以在教堂詩班服事，不惜默許閹割，以「性別反串」的「閹伶」取代女性信徒的參與。教會更一度為這些「人為的閹人」大開大門。尼西亞大公會議同意閹人可以擔任教會聖職，不論是天生的或是人為的，只要他們的行為配得尊敬，便可以被按立做為主教。直到一八七〇年，義大利才宣布「閹伶」不合法，得等到一九〇二年，羅馬教皇始頒布禁令，末代「閹伶」莫瑞奇（Alessando Morechi）才於一九一三年起不再參與教堂詩班的服事。

最最重要的是，「閹伶」的教會傳統本是為了強化父權體制而設計的，它是用來鞏固男性在教會的領導事奉地位，以貶抑或取代女性在教會的事奉。因而，性別意識夠充分的酷兒釋經，在討論閹人時，不能光看閹人做為第三性的中介位置，更應該揭露它在異性戀的性別政治權力版圖中，究竟扮演何種角色，並力圖顛覆性別框架的結構性暴力才是。

從跨文本詮釋到跨文化詮釋

這樣看來，特布爾所做的跨文本聖經詮釋，縱使善用了跨文本聖經詮釋的長處，亦同時曝露了這個釋經方法論的短處。跨文本聖經詮釋反對「惟獨聖經的詮釋」，亦不同於「聖經——處境的解釋模式」，主張另闢蹊徑，把聖經當成有待解釋的文本，透過把詮釋者的文化「文本化」，讓聖經文本得以與亞洲乃至其他文化的文本，平等地互動對話，以達到創造性的融合。†

但跨文本聖經詮釋畢竟是在文本的層次去做互動，即便這是已與亞洲文本交融後的聖經釋義，最終意圖解釋的對象還是經文本身。這樣做，最終還是會有將文本釋義與實踐運用一刀切的問題，並且太過輕忽文化的多元與複雜。聖經遭形塑且不斷形塑著的文化脈絡，乃至於詮釋者的文化處境，究竟如何可以輕易「文本化」而不被過度簡化？

有鑑於此，跨文化聖經詮釋，不同於跨文本聖經詮釋，直接把聖經文

† 李熾昌，〈從亞洲觀點作聖經詮釋〉，《亞洲處境與聖經詮釋》（香港：基督教文藝出版社，一九九六）。

本「文化化」，視其為當今基督徒諸多處境的其中之一，把讀經當成是「與活生生的而不是死在經文中的上帝對遇。聖經不再是文本，而變成了脈絡（或處境）。」[十一]

對跨文化聖經詮釋而言，文化遠較文本更為鮮活，更為重要，聖經的權威不存在於文本的字裡行間，而存在於閱讀時不斷與多元文化傳統進行的對話中，因而閱讀本身就是重新理解或書寫聖經文本的行為。做為讀者的我們靠著「文化與歷史的上主」的帶領，擁有更多可能的閱讀或書寫位置，對不可救藥的文化成規（不論是聖經或是本土的）予以譴責，對可以利用的文化遺緒加以轉化，對猶在對話中的文化保持開放的態度。在這樣的跨文化交流中，經由閱讀進而再次書寫出的具有解放意涵的文本，才是具有實存意義的「上帝對這個時代的話語」。

那麼，跨文化聖經詮釋可以如何幫助我們對性別、階級、國族、殘障

十一 陳文珊，〈三思路得記〉，《非非反叛：本土婦女與神學的對話》（台北：永望，二〇〇五），頁一四五。

多重交織的世界有所認知，從而再次書寫出「上帝對這個時代的話語」？或許我們可以把聖經有關於閹人的記載，特別是使徒行傳八章27至39節，以及基督教教會傳統中「閹伶」的存在結合來看，並藉由《霸王別姬》的影片及其在中、港、台三地華語世界被記憶的方式，來幫助我們做一個跨文化詮釋的開端。

姬別霸王的女漢子與男婆娘

《霸王別姬》是由香港知名作家李碧華的同名劇本改編，由演員張國榮、鞏俐、張豐毅主演，在一九九三年由陳凱歌執導上映的。電影在當時是極其成功的，它的藝術成就直到二〇一五年，還獲得美國《時代》雜誌的肯定，評為「百大不朽電影」的經典名片。據說，作家李碧華當時寫這小說，就是為了本身為雙性戀的演員張國榮所量身打造的。在片中，張國榮成功地演繹了一位像是聖經所謂「天生閹人」的悲劇人物，小豆子，也就是後來的程蝶衣的旦角。

在影片一開始，做為孩子的小豆子，默默無聲，牽著母親的手，走過北京的胡同，直到進了戲班所在的宅邸。如同經文敘述的：「他像羊被牽去宰殺，又像羔羊在剪毛的人手下無聲，他是這樣不開口。」一路上，他只管靜靜地睜著大眼，瞅著這個殘酷的世界。

還不光只是因為他是個孩子，更是因為察顏觀色是他偽裝自己身分的利器。明明是男孩，卻生在娼館全女人的世界，只得穿戴得活脫脫是個小女娃樣。待他再也無法隱藏，偏偏被送進流行男扮女裝的戲班。在清一色男人的世界中，為了徹底入戲，他被迫得忘記自己男兒郎的性別身分，說話舉止身段都妝演得雌雄不分。天生和人為的二分法，在他的身上，是派不上用場的。

原本，老師傅是不肯收留他的，「（大家）都是下九流，誰能嫌棄誰？他祖師爺不賞飯吃，誰也沒輒。」「下九流」，是封建社會根據職業對身分進行的分類，與「上九流」不同，做的都是下賤的營生。其中最最不堪的，稱之為「下三濫」，特別指的就是妓女、戲子和乞丐。老師傅不要他，不是因為嫌棄他妓女戶的出身，而是看到了胼指，生怕他奇形怪狀的一亮相，就會嚇跑觀眾。

《霸王別姬》的影片，因而講的不單只是性別，更涉及年齡、階級和身體的殘障與否，而這些彼此交錯成了一個充斥著歧視與犧牲的父權體制。最理想最拔尖的身分是，男性、身體健全、年長、權貴出身。用各式各樣的方法把人分門別類，建構一個相應的象徵體系，據以規範個人在社會關係中的互動與權力的消長，這才是身分政治運作的方式。不合格的人由於無法得到社會的接納，自我認同於是遭到污名化。

污名之為物，恰如高夫曼（Erving Goffman）所指出的，是依據「正常」來界定的，諸如身體殘缺者、精神疾病患者、吸毒者、賣淫者等人，必須不斷排斥或掩飾自己的文化及社會表徵，以向主流的「正常」靠攏或被同化，以取得自己不穩定的身分認同。[十二]

十二 Erving Goffman，曾凡慈譯，〈污名與社會身分〉，《污名：管理受損身分的筆記》（台

小豆子的胼指，不僅傳達了他格格不入的命運，同時是污名的暗喻，這實在是原著小說的神來一筆。這恰恰印證了殘障在文學再現中做為「敘事的義肢」的功能，「首先成為人物塑造的老套，其次則是一種伺機暗喻的手段」[十三]。小豆子向他的母親求饒過，結果，同樣被社會壓迫的母親，不得不狠下心，一刀下去，讓胼指從此徹底與身體斷開。人們對於胼指的歧視，可以藉著切割來擺脫，他學會了，便用相同的方式來對待污名（**stigma**）。當在戲班，連同為天涯淪落人的師兄們嘲笑小豆子，說他髒，嫌他是從窯子裡來的。他馬上現學現賣，手一扔，燒掉了母親留給他唯一的紀念物。燒不掉的是他內化到心裡，根深蒂固對妓女的不恥。

年紀小小的小豆子，在民國的時代，甫成了個角兒，就遭師傅出賣，按著老規矩，被伺候過慈禧的「太監」張公公染指。到了成年，更名為程蝶衣的他，在軍閥割據日本侵略的時期，又不得不心不甘情不願地把自己

北：群學，二〇一〇），頁一—四九。

[十三] David Mitchell & Sharon L. Snyder, "Narrative Prosthesis: Disability and Dependencies of Discourse", （Ann Arbor: The University of Michigan Press, 2001）, pp. 47-63.

賣給了當時梨園的戲霸袁四爺，仰人鼻息地過日子。從國民黨政府過渡到了共產黨執政，他又再一次為自己「四舊」的傳統戲子身分，乃至自己的男男性事遭師哥揭發，而在亟欲建立新國族認同的文化大革命時期，受到紅衛兵唾棄。

「他卑微的時候，得不到公義的審判」，於是，氣急敗壞的程蝶衣找了一個墊背，另一個有著如同他一般遭遇的女子，菊仙。她也是出身在妓女戶；也是不得不在真實生活中演戲，好騙娶男人的名媒正娶；也是一腳踏進了「文武崑亂不擋、六場通透」的梨園行。最後的下場，正應驗了老鴇臨別送她的一句話：「窯姐永遠都是窯姐。」從良多年後的她，被守護了一輩子的男人遺棄，心死，懸梁自盡。

在《霸王別姬》的電影裡，上演的卻是對霸王所代表的父權體制的幻滅。姬別霸王的戲碼一共上演了二次，都是以死亡告終。菊仙，是打破性別規範的女漢子。她拒絕載頭巾嫁給段小樓，一腳踢開紅地毯，大步奔向等在另一端的夫君。抱著情義深遠的寶劍去找袁四爺，救遭控漢奸而下在監裡的程蝶衣的是她。在段小樓出於害怕，在公審時出賣師弟，把寶劍扔進火堆時，衝上前去搶出寶劍的是她。哀莫大於心死之際，她毫不猶豫地上吊。

對照之下，程蝶衣就只是個性格軟弱、無奈遭命運撥弄的男婆娘。他瞧不起菊仙，性格卻比她更像父權刻板印象中的女人。打起群架，躲在布幕後面不知所措的是他。冷言冷語地用性事來嘲諷菊仙，說「黃天霸和妓女的戲，我不會唱」的是他。以替日本人唱戲救師哥的命來要脅，意圖棒打鴛鴦的是他。

在菊仙死後，過了多年，在同師哥預演《霸王別姬》時，被提醒不經意重新唸起了〈思凡〉的台詞：「小尼姑年方二八，正青春被師父削去了頭髮，我本是男兒身，又不是女嬌娥。」他終於明白即便沒有菊仙，他和自己所愛的師哥也不可能在一起。回首起自己過往，他這才平靜釋然地，選擇以死來成全自己，完完全全遁入戲裡的人生。

《霸王別姬》的電影栩栩如生地展演了一整個華人傳統中閹人的情愛世界。它不是唯一的，但在某種天時地利人和的因緣配合下，深刻震撼了中、港、台三地的觀眾，成為他們對歷史共同的記憶。「塵世中，男體陽污，女體陰穢，獨觀世音集二者於一身，歡喜無量」，雌雄同體的觀世音，不是人，是菩薩，歡喜無量不是戲外張國榮真實的經歷，更不是華人同志能夠享受的待遇。

戲如人生，但人生卻不總如戲

如同程蝶衣，據傳，張國榮對這部影片入戲太深，最終在二〇〇三年四月一日愚人節，選擇跳樓身亡。自殺的前因，是在一九九七年香港回歸的那一年種下的。在「跨越九七演唱會」上，他著白襯衫與閃亮的黑西裝，穿上紅高跟鞋，塗上紅唇膏，以雌雄同體的形象，跟男舞者在舞台上共舞，極其挑逗纏綿。在演唱會尾聲，他更以一曲《月亮代表我的心》送給他多年的伴侶唐先生，算是正式出櫃。演出並不受香港社會讚賞，甚至飽受負面評論，使得他日後因抑鬱之苦而自裁。

數十年後，有人這樣評論香港當年的回歸，如同是以「陰陽同體的身體背叛著國族的召喚」，更指出在這場演出中「哥哥的高跟鞋演出其實是一種香港身分的建構，是香港人藉著破格的性別形象去探索香港身分及本土文化」。這並不是史無僅有的特例，因為香港在一些重要的歷史時刻，流行演藝圈總是會出現突破常規的性別形象。比如說，在《中英聯合聲明》簽署之後的一九八五年，梅艷芳出了《壞女孩》唱片專輯，高唱「沒有辦法做乖乖」，並打扮成香港女性未曾打扮成的妖艷「東方麥當娜」。這說明了性別議題為何不單單是性別，總是承載了文化與政治的象徵意涵在其中，「香港人的複雜文化認同，就是以同志角色來表達。在九十年代，當同志角色越來越平常，一種新的香港身分也隨之出現」。[十四]

然而，恰如同雌雄同體的觀世音，同志做為代表香港身分認同的象徵，亦無助於讓香港的民主運動跳脫異性戀霸權的思維。在香港回歸二十年的此刻，香港電台第二台多元性別節目《自己人》的主持人之一，本身也是

十四 李展鵬，〈一九九七年的一雙高跟鞋：張國榮與香港身份〉，http://www.pentoy.hk/1997年的一雙高跟鞋：張國榮與香港身份/

一位出櫃的女同志Jean，在受訪時這樣評論說，基督教與儒家文化對性少眾平權運動的負面影響仍舊很大，同志族群都會盡量避免與家人、同儕、同事出櫃，近幾年「隨著香港媒體漸漸被陸資、陸企併購，新聞報導同志議題往往會貼上負面標籤，甚至拒談性別議題」。[十五]

在台灣，台獨國族論述再次因政黨輪替而抬頭的同時，同性婚姻平權的議題，亦引發了相當爭議。為免台獨力量遭分化，不少人希望蔡政府可以將婚姻平權的議題延後處理。連慣常支持台灣人民自決，甚至在一九七七年發表《人權宣言》的台灣基督長老教會，亦有不少地方教會和中區會，在正值《人權宣言》四十週年時，發表反同婚聲明，透過與民進黨執政團隊的私下管道，來進行遊說，而遭到教會內外的抨擊。

跨文化詮釋的一個範例：太監別使徒

十五 風傳媒，〈歧視與生計壓力嚴峻同志平權之路依舊遙遠〉，http://www.storm.mg/article/291573

在這樣的時刻，重讀使徒行傳八章27至39節，詮釋者理應摒棄天生閹人或後天閹人的二元思維，更不必過於在判定方式上去強調，天生閹人就是現今的同性戀，而可以把「第三性」的存在與功能視為某種中介，以調節聖經象徵體系與現實之間的緊張關係。它一直都存在，但也一直不獲得平等的承認。所以，縱使埃賽俄比亞的太監上去耶路撒冷禮拜，他只能待在外邦人的殿，他所讀的經文歧視像他這樣外腎受傷、受閹割的人。在猶太教的信仰裡面，他只能算得上是次等公民。這是一個吸引他來，卻又讓他失望的信仰，在耶路撒冷過節的人沒有經學士肯為這個外邦人解說他極欲理解的經文（31節）。

在回程下迦薩的路上，當他唸到以賽亞書的經文，「他像羊被牽去宰殺，又像羔羊在剪毛的人手下無聲，他是這樣不開口。他卑微的時候，得不到公義的審判」，不免想到自己的遭遇。經文句句都像在描述他的一生，他有情慾的需求，有成家的渴望，但卻遭到埃賽俄比亞或猶太文化的無視或貶抑。「誰能述說他的身世？因為他的生命從地上被奪去」，不會再有後代延續他的生命，為他述說人生的不公平，等待日後歷史公義的臨到。

但上帝確實看見他的苦情，專門派使者去喚腓利，要他去路上等這位太監，甚至敦促腓利走近，靠近他的車。很可能，腓利不只聽到他虔誠地頌讀經文，更體會出他聲音裡充滿著的抑鬱與無奈，便主動問起他，是否明白自己所讀的。太監邀腓利上車，他用平等接納的態度對待這個外邦閹人，與他同坐，絲毫沒有嫌棄迴避。

太監所讀的經文，描繪的是受壓迫者所共享的、令人絕望無助的遭遇。裡面沒有絲毫的盼望。腓利不回答太監的疑問：「這處經文指的是誰？」反而從這處經文談起了盼望，耶穌基督要他來傳的好消息——如今上帝已在十字架上廢去了一切的隔離與冤仇，不再分男女，不再分猶太人和希利尼人，人因著信，便可成為上帝的兒女。

為所有人死的基督，也為「第三性」死，因此，也必能拯救他們，讓他們成為上帝家裡的一分子，再也不需要屈居外邦人的院。到了有水的地方，埃賽俄比亞的太監一刻也不願意等，說：「這裡有水，有什麼能阻止我受洗呢？」的確是沒有，上帝所接納的，人豈可以排拒？於是腓利立馬和他一同下車，走進水裡，讓他既與主同死，也能同享復活的喜樂。

經文用腓利被主的靈提了去，太監歡歡喜喜的上路，做為結尾。這是新約聖經唯一一處提到門徒被上主的靈提去升天的經文，這標誌了這個事件基督教的宣教史上的重要性。在這處經文中，太監沒有被給予什麼口惠而不實的接納，而是真真實實地領了洗，不單用水洗，還有上主的靈來同作見證。「凡外腎損傷的，或閹割的，不可入耶和華的會」（申命記二十三章1節）直接被廢除。

腓利與太監的故事理應成為現今教會對待性少眾乃至於承受污名者的重要參考指標，酷兒釋經不只是要爭取性少眾的平權與反歧視，更應拒絕一切藉著第三性的「識閥」存在來服務異性戀性別霸權的作法，重新審視藉著國族、性別、階級、殘障等範疇來刻意造成社會區隔的正當性。

（二〇一七年七月三日完稿，收入香港性神學社於二〇一七年出版的《入性3》一書）

第二部

生命自有其道

上主至善

經文：「上主是不容忍對立的上帝；上主施行報復，滿懷烈怒。他懲罰敵對他的人；他向仇敵發烈怒。上主不輕易發怒，但大有能力；他絕不以有罪為無罪。上主行走之處，暴風驟起；雲彩是他腳下揚起的灰塵！他斥責海，海就枯乾；他使江河乾涸。他使巴珊地萎縮，迦密山焦黃，黎巴嫩的花朵凋謝。群山在上主面前顫抖；丘陵在他面前融化。上主出現，大地震動；世界和它的居民都戰慄。他一發怒，誰能存活呢？誰受得了他的怒氣呢？他的忿怒如火傾下；岩石在他面前粉碎。上主至善。他保護在患難中的子民；他照顧投靠他的人。他像一股洪水，徹底滅絕他的敵人；他把敵對他的人驅入死亡。你們為什麼陰謀反抗上主呢？他要把你們完全毀滅；沒有人能再次反抗他。像糾纏的荊棘和枯乾的麥稭，你們要被火焚燒淨盡！尼尼微呀，從你那裡有一個詭計多端的人出來，圖謀攻擊上主。上主對他的子民以色列這樣說：「亞述人雖然又強又多，他們將被毀滅，被消除。我的子民哪，我曾使你們受苦，但我不再叫你們受苦了。我現在要終止亞述對你們的轄制，打斷捆綁你們的鎖鍊。」以下是上主有關亞述人的宣告：「他們不會有後代好保存他們的姓氏。我要除掉他們神廟中的偶像。我要為亞述人預備墳墓，他們不配存活！看哪，有報好消息的人穿山越嶺而來！他來傳報和平的好消息。猶大人哪，歡度你們的佳節，向上帝還你們許下的願吧！壞人永不再來侵犯你們的土地。他們已經完全被剷除了。」（那鴻書一章2至15節）

弟兄姐妹，平安。

其實，最近台灣很不平安。七月八日才有尼伯特颱風造成台東地區災情慘重，沒多久，九月十三日莫蘭蒂颱風又來了，重創高屏等南部農業縣市。緊跟在後的，是在九月廿七日襲台的，堪稱今年地表最大的颱風梅姬，創下台灣各地四死五二七傷的記錄。沒料到，十月十九日前，氣象局又宣布海馬颱風要路過。

害怕，是自然的。出於害怕，基督徒轉向求告上帝，求挪去海馬颱風的威脅，也很理所當然。而當祈禱後，海馬颱風的行徑路線果真南移，感謝讚美上帝，似乎也是在情在理的。把個人遇到的難處、困境，帶到主的施恩寶座前，尋求即時的幫助，本就是聖經記載上帝早先所應許的。

不料，原本很在理、很自然的事，隨著後續新聞報導，說海馬沒來台灣，但卻橫掃了菲律賓、香港和中國福建等地，造成其他地區的慘重災情，一下子，讓許多人對基督教信仰充滿了質疑。「這樣祈禱，對嗎？」「祈禱可以只顧自己，不管別人死活嗎？」「這麼狹隘的信仰態度怎麼能見證慈悲上帝的愛呢？」

弟兄姐妹，基督徒究竟該如何祈禱？如何見證自己的信仰，才能真正領人認識那位至善的上主？

「上主至善。他保護在患難中的子民，他照顧投靠他的人。」我們今天所讀的經文第7節這樣宣告。這是則大好消息，是先知那鴻所作的信仰告白。

但這個好消息之前六節所描述的是，上帝不容忍、報復、發烈怒的意象。作者用誇飾的詩意筆法形容這位上帝是「行走之處，暴風驟起」、「群山顫抖，丘陵融化」，是個會令「世界和它的居民都戰慄」的上帝。詩人問：「他一發怒，誰能存活呢？誰受得了他的怒氣呢？」

而在這個好消息之後的，則是講述上主如何像洪水一般把敵對他的人驅入死亡。「你們」，為什麼陰謀反抗上主，先知問。接著，先知又宣告，「你們」，要像無用的荊棘和麥稭，被火焚燒淨盡！

這裡的「你們」，指的是誰？在那鴻書，很清楚，就是尼尼微，是亞述人，是以色列人的世仇。於是，先知要眾百姓懷著盼望等待，看著報好消息的人穿山越嶺而來，報和平臨世的大好消息，因為壞人再不會來侵犯，他們已經被完全剷除了！上帝已經宣告，要終止亞述人的轄制，斫斷綑綁的鎖鍊，因為他們不配存活！

如果壞人是「你們」，是尼尼微，那麼說這話的「我們」，又是誰？根據經文，是受苦的猶太人，是投靠上帝的子民。好消息之所以好的，只為報揚給「我們」。先知那鴻，名為「安慰者」，可惜，所要安慰的對象只是猶太，而不是尼尼微。所以，在這本先知書中，隻字未提猶太人所受的百般苦楚，不單單是因為敵人亞述，更是因為他們與尼尼微人一樣，迷信背道，有著種種的社會罪惡。無怪乎，有些註釋書直接稱這本小先知書是「尼尼微淪陷頌」，內中有著受壓迫者不吐不快的濃厚復仇情感，需要發洩。情之所至，是人便不難理解。

然而，當論述審判與拯救沿著「你們」vs.「我們」，沿著族群的疆界而劃分開，這就是另外一回事。在十二小先知書的這卷經書中，的確提到了上帝至善。但至善的上帝卻染上了我族中心主義的色彩，處在對立的關係之中，在世人皆有罪中，他只保護照顧「我們」自己人。眼見他國淪落烽火之中，無辜百姓「哀鳴如鴿子」，甚至人因屍骸之多而絆跌，我們卻在這裡快意恩仇、歡喜頌讚，更不禁讓人多少有些躊躇，這樣果真「至善」？

同樣提到亞述尼尼微敗亡的約拿書，雖然成書的時期，據推斷是晚於那鴻書，但卻意圖呈現不同的敵我意識，眼中所謂的「他人」也因此有了不同的樣貌。在約拿書中，做為猶太「自己人」的先知約拿，首先得為個人狹隘的信仰而懺悔認罪，之後，才能得見尼尼微全城的悔改。尼尼微的悔改，堪稱是聖經所記載的最成功的一次宣教，原本需要走三天才能走得完的大城，約拿只走了一天，城裡所有人竟都披上麻布，坐在灰中，禁食祈禱，以致於上帝改變心意，沒有降下原本預定的毀滅性災難。在這其間，與上帝作對的，自始自終都只是先知約拿一人。約拿或逃跑，或不逃，都立意與好寬恕、愛憐憫的上帝為敵，甚至不惜向上帝求死，說自己氣得有理，氣得要死，甚至「死了比活著還好」！平平是先知書，這卷書卻對先知極盡嘲諷之能事。

在約拿書中，沒有白紙黑字寫到上帝至善。但識者不難看出，上帝確實「至」善。這樣的一位上帝不會只照顧「我們自己人」，祂更是至高上主，憐憫天下一切的受造物。不單是以色列人，還包括亞述人。不單是亞述首都城裡十二萬連左右手都分不清的人，還憐憫其中的許多牲畜。

人對上主至善的理解，恰恰反映了我們如何區辨敵我，如何看待他人。我們眼中可有「他人」，可有看「他人」同我們一樣，不過是軟弱的人，同樣會害怕，同樣會犯罪，同樣需要上帝的慈愛憐憫？

弟兄姐妹，你也相信上帝至善嗎？你相信的是哪一種「至善」？在你抉擇以先，讓我們別忘了新約的教導：「你們倒要愛仇敵，也要善待他們，並要借給人不指望償還，你們的賞賜就必大了，你們也必做至高者的兒子，因為他恩待那忘恩的和作惡的。」（路加福音六章35節）

如果我們知道也相信，上帝的啟示是漸進的，會不會不只先知約拿在看待尼尼微的事上會犯錯，那鴻也可能會在作對的同時也犯錯？這個問題問得輕巧，答案卻不簡單。它問的不是「是對，或是錯」，二者擇其一，而是「是對又是錯」，二者同時為真，是否是可能的？會不會拿鴻在傳遞審判的信息時，心中一味懷著復仇的心思，全然忘記先知本可以為天下百姓代求的職分，如同亞伯拉罕為所多瑪、俄摩拉全成與上帝討價還價，如同摩西為以色列拜金牛犢的百姓，大膽質疑上主？

接受先知也可能犯錯，也可能無形中建構出有害於基督徒身分認同的、二元化的敵我意識，並不必需要全面否定聖經的啟示對於基督徒生命有權威性。但此舉卻會為不斷的信仰革新留下了餘地，承認先知、使徒，乃至基督教會並不就是上帝啟示本身，不過是在朝向理解上主至善的旅程中邁進。證諸教會史，從十字軍東征，到獵殺女巫，到奴隸制度，到帝國主義的殖民，到污名化身心障礙者，基督徒或教會豈不常常犯錯？做為改革宗，承認基督徒會錯，有錯，有那麼難嗎？

若是如此，今天的經文究竟啟發了我們什麼？我們該如何避免犯下同先知類似的錯誤？我們基督徒今日又該如何祈禱、見證自己的信仰？

我願意分享德國神學家約格・辛克（Jörg Zink）的提醒：「那些過於看重自己的人，一生都拿自己與別人比較，而不是與別人共同生活，或者只專注於改善別人，而不是去愛人。若是這樣，他怎麼樣才能聽見一句真正來自上帝的話語？」

基督徒對公共生活的參與建基在愛人如己的誡命上。這意味著，我們不單要愛我們「自己人」，還要愛那些「外人」。是愛，讓我們的眼睛看得見有血有肉的他人，懂得聆聽他人的生命敘事，而不只是統計量表上的數字，或是地圖上的偏遠地標。更是愛，讓我們願意獻身致力於公共生活的營造，基於相互尊重與和平共生，來推動參與式的社會正義！畢竟，我們所要見證並引導人認識的，不是一個動輒發動聖戰的上帝，而是這樣的一位上主，「祂使太陽照惡人，也照好人；降雨給義人，也給不義的人。」（馬太福音四章44至45節）

（本文為二〇一六年十月廿八日玉山神學院週間講道稿）

激進的愛

經文：「耶穌離開那裡，退到推羅西頓的境內去。有一個迦南婦人，從那地方出來，喊著說，主啊，大衛的子孫，可憐我，我女兒被鬼附得甚苦。耶穌卻一言不答。門徒進前來，求他說，這婦人在我們後頭喊叫，請打發他走罷。耶穌說，我奉差遣，不過是到以色列家迷失的羊那裡去。那婦人來拜他說，主啊，幫助我。他回答說，不好拿兒女的餅丟給狗喫。婦人說，主啊，不錯。但是狗也喫他主人桌子上掉下來的碎渣兒。耶穌說，婦人，你的信心是大的，照你所要的，給你成全了罷。從那時候，他女兒就好了。耶穌離開那地方，來到靠近加利利的海邊，就上山坐下，有許多人到他那裡，帶著瘸子、瞎子、啞吧、有殘疾的，和好些別的病人，都放在他腳前。他就治好了他們。甚至眾人都希奇，因為看見啞吧說話、殘疾的痊癒、瘸子行走、瞎子看見，他們就歸榮耀給以色列的神。耶穌叫門徒來說，我憐憫這眾人，因為他們同我在這裡已經三天，也沒有喫的了。我不願意叫他們餓著回去，恐怕在路上困乏。門徒說，我們在這野地，那裡有這麼多的餅，叫這許多人喫飽呢。耶穌說，你們有多少餅，他們說，有七個，還有幾條小魚。他就吩咐眾人坐在地上。拿著這七個餅和幾條魚，祝謝了，擘開，遞給門徒。門徒又遞給眾人。眾人都喫，並且喫飽了，收拾剩下的零碎，裝滿了七個筐子。喫的人，除了婦女孩子，共有四千。（馬太福音十五章21至38節）

弟兄姐妹，平安。

深受種族主義危害的美國，這些天再度傳出白人警察執法過當無故射殺黑人的事件，過程遭拍下上傳至網路，頓時導致民怨沸騰。雖然美國在二〇〇八年選出史上第一位黑人總統歐巴馬，他連續兩任指派的司法部長都是黑人，但是美國黑人極容易遭到執法人員暴力對待的情況，卻始終沒有改善。「黑人的命也是命」（Black Lives Matter）社會運動，開始在各州遍地開花，司法改革團體「我們在這裡」（We Are Here）日前邀請著名歌手基斯（Alicia Keys）、蘋克（Beyoncé、Pink）和演員洛克（Chris Rock）

等多位影視名人拍攝影片，用黑白鏡頭描述「23種美國黑人可能被殺的方式」，譴責美國長期對黑人的種族歧視，以呼籲民眾要求美國政府解決執法歧視問題。

彷彿現況還不夠糟，德州達拉斯（Dallas）七日晚間的示威遊行，驚傳慘案。多名警員在現場執行勤務時，遭到多名狙擊手在縝密計劃下，從鄰近高樓至高點向下的致命槍擊，目前已知至少有五人遇害殉職、六人受傷。這不僅是美國警政史上最黑暗的日子，更是一起美國土生土長的恐怖攻擊事件，植根在長期以來的種族仇恨當中。歧視與反挫的暴力層級不斷升高，而越來越多的無辜者因此喪命。

但無辜者，果真是無辜的嗎？許多白人基督徒會辯解說，自己是無辜的，從沒有恨過別人，過著有品格的生活，否認自己有種族歧視，厭惡白人三K黨（Ku Klux Klan）的行徑，還可能舉證歷歷，講自己有多少黑人朋友。種族主義和好人的意象如何可能扯上關係？但好人也可能做壞事。好人也可能不自覺地支持壓迫體制。好人不可能自動豁免於結構性的邪惡。我們再怎麼自我感覺良好，都不得不承認，我們生在罪中。

弟兄姐妹，我們太「像」我們周圍的人。而要抗拒文化在我們社會化過程中書寫在心靈白板上的自動程式，我們需要批判性思考，甚至需要保持一點情緒距離，不那麼快就做出本能的反應。不承認邪惡的結構性因素也可能內化在我們的理性、情感乃至意志當中，具現在種種文化慣習和當下反射中，是一種自我欺騙，無助於改善問題現況。或許，恰恰從耶穌基督的身上，我們可以看到，唯有自省，所可以帶來的生命改變。

今天我們所讀的經文涵括了三則有關於耶穌的事蹟，現代中文譯本用「一個女人的信心」、「治好各種病人」、「耶穌使四千人吃飽」三個標題來標示不同故事的段落。然而，這三則不同的敘事，合併成為我們今天所讀的經文，不是沒有原因的，它們涉及耶穌及門徒與外邦信眾對遇的相同主題。

聖經學者認為，這三則敘事都發生在使徒約翰殉道後，耶穌故意退到外邦人的地區，並且「離開推羅以後，經過西頓，沿著低加波利海岸，來到加利利」（馬可福音七章31節）的一段非常周折的旅程。在聖經學者巴克萊（William Barclay）看來，這個行進的路線不太合理。一來，從地理位置看，西頓在推羅的北邊，而加利利海在推羅的南邊，低加波利是希臘十城的聯邦，位於加利利的海的東邊，「耶穌為了往南邊去卻往北走」，就好像現今的我們要從日本到韓國，卻先飛去新加坡機場過夜轉機一樣詭異。二來，這趟旅程的時間點也著富趣味，恰恰發生在耶穌受難之前，耶穌和他的眾門徒足足花了長達六個月的時間，從春天一路走到了夏天，使得故事的場景從原本讓五千人吃飽的綠油油一片田園風光，轉變為四千人得餵養的酷旱難耐而寸草不生的光禿一片。

說這一切是源於耶穌需要時間，好預備自己和門徒去面對受難試煉的臨到，是不少聖經學者的揣測。這，我們可以理解，但這並非經文所要傳達的全部真相。經文敘事者藉由使用種種暗示的修辭，如「迦南婦女」、「讚美以色列人的上帝」，和「七個籃子」（sphurides，有蓋的大籃子，甚至可以裝下一個人的、外邦人所用的籃子，不同於猶太人專用的、為了避免外邦人摸過使得食物不潔的、窄頸的水壺形的籃子 kophinoi）」，曲意強調，耶穌這三次的事蹟都和外邦人的對遇脫不了干係。

正是這件事，令現今的讀者我們大惑不解。倘若耶穌果真如他所說的，「單單奉差遣去尋找以色列人中迷失的羊」，為何馬太福音經文編纂者，會在這本專為向猶太信眾傳講的福音書中，再三暗示外邦信眾的在場？或許，我們可以進一步、更清楚地形構我們原本的問題：「到底這些外邦人的現身，帶來了耶穌與門徒哪種改變？如何預備了他們走上十字架的犧牲道路？」

弟兄姐妹，外邦人，是猶太人眼中的「他者」。看自己做為上帝兒女的「我們」猶太人，為了與「他們」外邦人保持距離，不願意進到外邦人的地界。是因為這個原因，耶穌才可以藉著退到推羅、西頓去，成功地避開那些追著他窮追猛打的法利賽人和文士。

猶太人慣常稱這些個「他們」為狗，「外邦的狗」、「異教的狗」，到了

「他們」受洗成為基督徒之後，又有了個新的綽號「基督徒的狗」。不僅如此，猶太人不認為他們一出生便是不潔的，刻意區隔到，為了不願意吃他們碰觸過的東西，而特別製作旁人無法接觸的籃子。

我們當中大概沒有人會無知到以為，稱別人為狗不算是一種侮辱，也應該沒有人會理盲到以為，對「他者」的種種區隔與迴避，會且只會表現在風俗習慣上，而不會內化成為心中根深蒂固的歧視與偏見。

而歧視的有無，在我們今天的經文中，主要藉由討論吃喝表現出來。26節，耶穌先是拒絕醫治那個女兒被鬼附的母親，說「拿兒女的食物給小狗吃是不對的」。之後到了32節，我們發現，耶穌主動關心起這些會讚美以色列上帝的外邦人，說道：「我很體貼這一群人，他們跟我在一起已經三天，現在沒有什麼可吃的了。我不願意叫他們餓著回去。」

分享共食，是一個重要的文化標誌，它關乎的不只是吃這個動作，而是平等精神的再現，或是社群團結的外顯。不同的社會階級分類往往決定不同的進餐順序和儀式。早時，在漢人父權文化的社會，每逢在客人來家裡用餐，只容許成年男性先和客人同桌共食。吃賸下來的，才是女人和小孩的份。這樣的台灣習俗具現的是本土父權階層意識，也被納入不少鄉土電影的鏡頭。吳念真導演的電影《多桑》就有這麼一幕，小孩子從門縫中偷看，見到罕得吃到的魚連最後一條都被客人吃了，而忍不住在門口放聲大哭。

這樣看來，說今天的經文主要是藉由討論吃什麼喝什麼，來彰顯對外邦人的平等接納，大體是無誤的。而這正是福音的核心信息。且讓我們別忘了，上述二處有關於吃食的敘述，前後包夾了一段使瞎眼的得看見、跛腳的得行走的醫治敘事，這正是上帝國臨到的典型記號。

弟兄姐妹，今天的經文並不是在描述耶穌到了外邦碰巧發生的一連串的意外。如果我們接受也相信，耶穌的死是「以自己的身體推倒那使他們（猶太人和外邦人）互相敵對、使他們分裂的牆」，為要使「兩種人藉著他的生命成為一種新人，得以和平相處」，「藉著十字架使兩者結為一體，得以跟上帝和好」，不再分「我們」和「他們」，都成為「上帝子民的同胞，是上帝一家的人」，那麼，耶穌和門徒同外邦人的對遇，就同上帝國福音與受難敘事，便有著深刻的信仰與神學意涵。沒有體認到這點，耶穌的受難充其量不過是猶太人的傳奇，而不能死而復活成為拯救世間眾人的基督；沒有了悟這點，門徒頂多能形成相濡以沫的小圈圈，不能見證基督整全的福音。

弟兄姐妹，平等接納，不分彼此，並不是容易做到的事情。根據聖經記載，以色列人攻下迦南人的城鎮後，就按照耶和華的吩咐，「你們要擊敗他們，徹底消滅他們，不可憐恤，或跟他們締結條約」（申命記七章2節），把城中的居民滅盡。（民數記二十一章1至3節，約書亞記六章20節）對當時的猶太人來說，不與迦南人混雜，是他們的傳統，而這樣的傳統背後有著宗教信仰做背書，這涉及到一整個體制，不是單單個人良心的感覺而已。

可是，在今天的經文中，耶穌偏偏是稱讚一個跟他頂嘴說「主啊，可是小狗也吃主人桌上掉下來的碎屑」的迦南婦女，「你的信心好大呀！」耶穌打破了傳承下來的種族區隔，是因著迦南婦女表現出對女兒徹底、激進的愛。做為母親，她不惜放下自己宗教，不惜卑屈下拜，不惜向主頂嘴，堅信「如果這個世上有上帝，那麼這個上帝就不可能不憐恤我痛苦不堪的女兒」。是她這樣的堅信，促使了耶穌改變態度，也以激進、跨越種族界限的愛，來回應她的呼求：「照你所要的，給你成全吧！」

經文說，女兒就在耶穌回應婦人的當下，就好了起來。但婦人對這樣一位上帝所求所想的，其實，不單單只是一個絕無僅有的例外，「只要治我女兒就好」，更是一個常規，「如果這個世上有上帝，那麼這個上帝就不可能不憐恤人的痛苦」。她相信，上帝的愛是激進的，打破一切的隔離與疆界，所以，她勇敢地面對面挑戰耶穌說：「但是狗也喫他主人桌子上掉下來的碎渣兒。」

如果在今天經文的一開始，耶穌以身作則，向門徒示範了什麼是上帝激進的愛，而這愛就是上帝國的福音，那麼，在經文的末了，我們會發現，耶穌鼓勵門徒去效法這樣激進的愛。即便曾經見證過耶穌讓五千人吃飽的神蹟，門徒對耶穌主動關切這些外邦信眾的回應，是冷淡的。他們禮貌地推拒說：「在這偏僻的地方，我們哪裡去找足夠的食物給這一大群人吃飽呢？」但耶穌不放棄，進一步問他們：「那你們到底帶著多少餅？」接著吩咐群眾坐下，之後擘餅祝謝分給門徒，再令門徒分給群眾，讓大家都有東西得以吃。一開始，不太情願的門徒，再一次親身經歷主耶穌激進的愛。

弟兄姐妹，教會傳統的釋經都把這件事解釋為神蹟。但有沒有可能，這件事情並不是神蹟，而是人格感召，因著耶穌超越族群的愛，眾人紛紛拿出自己的僅有獻上，自己省著吃，好與別人一同分享？無論如何，它提醒了我們，愛就如同今天經文所敘述的能使人身心得飽足的食糧一般，它不是有限的資源，越愛，就越少，相反地，我們越多愛人，就會越常生活在愛中。

弟兄姐妹，我們的社會沒有黑人，沒有迦南人，但我們的文化視角裡也有「他者」。我們的社會對待原住民、東南亞新住民，常常不自覺地制定歧視性政策。東南亞的外籍看護必須定期返回母國，繳交高額的仲介費，好重新回來台灣工作。原住民在自己的土地上進行儀式性狩獵，會被看作是違反《野生動物保育法》，但漢人開發他們的土地掠奪山林資源，導致野生動物滅絕，卻是製造就業機會，振興地方產業。

我們是否如同門徒一樣，對他人（特別是那些我們眼中的「他們」）的需要只會感到不耐煩，沒有切實的關心？面對種族主義的高牆，我們過去是否也常藉口自己能力不足，而不肯回應上主在愛裡合一的呼召？我們今日是否能夠效法耶穌，對自己所承襲的文化偏見與歧視，抱持敏感而且批判的態度？還是，我們只顧關起教會的大門，搞小圈圈，享受所謂的小確信？祈願我們都能在生活中真實經歷上主激進的愛，那是跨越界限、打破一切偏見隔閡的愛，唯其如此，我們才能真正見證福音，成為基督的教會。

（本文為二〇一六年七月十八日玉山神學院週間講道稿）

在光中行走

經文：「雅各的後代呀，來吧，讓我們依照上主所賜的亮光行走。上帝啊，你已經遺棄了你的子民——雅各的後代。國內到處有從東方和非利士人那裡來的法術；人民都跟從異族的習俗。他們國內滿有金銀，財寶不計其數；他們的境內馬匹充斥，還有數不盡的戰車。他們的土地充滿了偶像；他們拜自己用手雕刻出來的東西。他們自甘下流，自甘墮落。上主啊，求你不要饒恕他們！他們要躲在山洞中，藏匿在地溝裡，企圖躲避上主的忿怒，逃脫上帝的權威和榮耀。日子將到，人的驕傲要被制止，人的自大要破滅；只有上主受尊崇。那一天，上主——萬軍的統帥要貶低有權勢、驕傲自大的人。他要剷除黎巴嫩高聳的香柏樹，他要削平大小山岡，推倒高塔和鞏固的城牆。他要沉沒他施巨大豪華的船隻。那日子來臨的時候，人的驕傲要被制止，人的自大要破滅，偶像要完全被粉碎，只有上主受尊崇。上主搖動大地根基的時候，人要躲在山洞中，藏匿在地溝裡，企圖躲避上主的忿怒，逃脫上帝的權威和榮耀。那日子來臨的時候，他們要扔掉自己所鑄造的金銀偶像，扔給老鼠和蝙蝠。當上主搖動地基的時候，人要躲在山洞裡，巖石的隙縫中，企圖躲避上主的忿怒，逃脫上帝的權威和榮耀。不要再相信必死的人。他們有什麼價值呢？」（以賽亞書三章5節至22節）

弟兄姐妹，平安。

在待降節期中，今天我們所領受的經文這樣要求我們，即便黑暗臨到，基督徒猶要行在光中。

到底先知以賽亞那時所面臨的社會有多黑暗？經文在一開始要求雅各的後代，要依照上主的亮光行走，隨即用「上帝遺棄了自己的子民」來形容當時的社會。

但上帝並沒有遺棄自己的子民。相反地，經文用連串的敘述，指出了當時社會是如何背離了上主，那時，人們跟隨著異教的習俗，在生活上追求各式的法術，而失去了敬虔的心。與其說是上帝遺棄了自己的子民，倒不如說，是上帝的子民遺棄了上帝。或者，這裡的遺棄，指的是一種的「任憑」或「放棄」，因著上帝子民的不信從，上帝便「任憑」（give up）他們。

弟兄姐妹，上帝任憑人憑己意行事，會是怎樣的一種景況？出乎一般人的預期，更不同於成功神學的理解，遺棄上帝的人不會落得非常悲慘的處境，相反地，會相當的成功。經文分別從三個面向來描述這樣的成功：首先，會「滿有金銀，財寶不計其數」，這表示，社會的經濟非常富裕；其次，軍事武力非常強大，所以「馬匹充斥，還有數不盡的戰車」；最後，宗教勢力不斷擴增，人們非常的敬虔，以致於土地充滿偶像，人們到處不時都在禮拜。短短數句，便將政治、宗教和經濟彼此交相勾結的景象描繪得淋漓盡致。

這麼的繁榮，怕會讓不少人、不少國家欽羨。但先知卻批判他們是「自甘下流，自甘墮落」，因而呼求上帝，「千萬不要饒恕他們」。緊接著，先知用詩的疊句，描繪了審判之日的景況，人們「躲在山洞中」、「藏在地溝裡」，人的驕傲和自大被制止毀滅，金銀偶像被扔給老鼠和蝙蝠享用，豪華的船隻沉沒，高塔和城牆被推倒，政治、經濟和宗教的昌盛繁榮，一下子灰飛煙滅。

為什麼？難道上帝見不得人好？如果聖經學者是對的，二章5節一直到四章6節是一個完整的單元，我們便可以明白，這樣的社會榮景是百姓付出了一定的代價換來的，「你們破壞了葡萄園，你們的屋裡堆滿了從窮人搶奪來的東西。你們無權虐待我的子民，無權欺詐窮人。我——至高上主、萬軍的統帥這樣宣布了。」（三章14至15節）經文更形容，這是像「所多瑪」一樣的罪行，也因此，必要遭殃，自食其果（三章10至11節）。

弟兄姐妹，什麼是「所多瑪」一般的罪行？根據今天所讀的經文，不是特別針對同性戀，而是支持一個錯誤的體制，構成了社會的不公不義，使得窮人受到欺壓和虐待。而這一切都是源於錯誤領導，所以，我們今天的經文才會勸告我們：「不要再相信必死的人。」

經文以「雅各的後代呀，來吧，讓我們依照上主所賜的亮光行走」做開端，以「不要再相信必死的人。他們有什麼價值呢？」做終結，恰恰呼應了我們這個時代的最棘手的社會倫理難題：我們都願意也肯行走在光中。但光究竟在哪裡？

弟兄姐妹，我們所處的時代，是全球化的時代，也是一個危機四伏的時代。歐洲或是美洲的政治一有個小傷風，遠在亞洲的台灣便會哈啾連連。英國公投脫離歐洲，美國選出川普做下一屆總統，都讓遠在太平洋這端的小島經濟劇烈動盪。同其時，如同其他國家，我們遇到多而又多的社會難題，從一例一休，到日本輻射食物進口，再到同性婚姻合法化，爭議不斷。

我們極需基於事實真相，對緊急的處境做出快速而有效的判斷。但媒體上四處流傳的資訊，多到爆炸，而且往往真假難辨。知道的越多，反而越沒有辦法幫助我們分辨事情的輕重，釐清真實的處境，進一步負起責任去落實審議式民主。

自己做出批判性思考，是何其困難的事，要花上多少時間，得費上多少心力。正是因為如此，我們選擇不加思辨地相信領導。不幸的是，意見領袖的決斷，卻往往也未必出於慎思與明辨，而更多動輒訴諸群眾動員與赤裸裸的政治角力。

英國人決定脫歐公投，投票結果出來後，那些主張脫歐公投的政治人物卻紛紛下台，辭職的辭職，二手一攤，把脫歐的衝擊和爛攤子留給後悔莫及的老百姓。美國總統大選，選出了個充滿種族歧視、性別主義，說要趕走所有非法移民，不惜發動第三次世界大戰的川普，之後，許多州的學生跑出來示威，全世界都「挫地等」看接下來會發生什麼事。這些都是人民做出來的，是人民去公投，是人民選的總統。

愛丁堡大學神學院歷史學教授包史篤（Prof. Stewart Brown）不得不問：「英國人決定脫歐（Brexit），美國人選出川普為總統，法國及德國的極右派近來也快速興起，為何有許多基督徒會支持他們？」

「為何有許多基督徒會支持這樣的立場？」也是台灣不少基督徒這陣子心裡的疑問。十一月十七日，台灣基督教一票牧師站出來，包圍立法院，認為同性婚姻立法，就是人口佔少數的同志運動，在霸凌人口佔多數的異性戀。激動的群眾甚至揚言，同性婚姻一旦立法，這些愛護下一代的家長，就要去死給立委看。基督教護家盟、下一代幸福聯盟等製作的文宣，「可以和幼童性交」、「講一夫一妻、叫爸爸媽媽要罰錢」，或是「國小性教育加入情慾探索教材」，遭社會輿論批判為說謊。

在台灣基督教宣教發展歷史中，這是第一次，基督教被社會知識分子領袖公開批評「騙子」、「說謊」。筆名「人渣文本」的輔仁大學哲學系教授周偉航在《蘋果日報》批判，台灣當前的基督教派有多重的道德病態，「為了一個邊緣的道德爭議，卻違反不可作假見證的信仰核心行為守則」。他問，修改的是民法，怎麼會有「不可再稱夫妻、父母的罰責」，修法把女性結婚年齡從十六歲往上拉到十八歲，以符合國際性平公約的要求，怎麼會變成主張「性解放」？

周偉航引用了聖多瑪斯的說法，指出用欺瞞他人的方式來達到自己的目的，在戰爭狀態是可行的，但卻質疑，台灣的社會大眾、台灣的同志群體，現在被基督教看作是敵人嗎？

基督教在這次的動員中，不但沒有贏得社會輿論的信任，反而被批評作「無法包容別人」、「自私只想到自己」、「失去內省能力」，這是台灣宣教歷史上極其罕見的事。

想當年，在台灣戒嚴體制下，就算不是基督徒，人們也會訂閱《台灣教會公報》，因為這是當時唯一肯說真話的報紙。高俊明牧師違反總會決議，發表《國是聲明》，並且協助藏匿政治犯施明德，因而被捕入黑牢時，就算不是基督徒，海內外的人們也相互串連，紛紛奔走救援，連署要求國民黨政府放人，因為他們看台灣基督長老教會是捍衛台灣人權的急先鋒。

今昔相比，讓人情何以堪！

而這一切都來自於今天經文所說的教會牧長的錯誤領導和信徒的盲從。「教會信徒追隨牧者，牧者說什麼，他們就信什麼，就算不合邏輯也接受，就算說謊也接受。」這樣的事情不是第一次，不久前總統大選，花蓮選區的蕭美琴立委就遭抹黑了一次。弟兄姐妹，我們真的知道自己在做什麼嗎？

有關於同志牧養，有關於信仰立場該如何抉擇，本就是普世教會在神學上不斷反省思考的議題，這不是台灣基督教會所獨有的。或許，我們可以學習普世教會夥伴過去面對這類難題的態度，就是在信仰群體中，一起更認真、更努力地做神學反省。

玉山神學院一貫強調要發展本土神學，要用原住民的文化，用原住民的生命故事來做神學。或許，容我也來分享真實的生命故事。

我有一位朋友，他是布農族教會的牧者，一個同志。他為部落為教會盡心盡力的服事與擺上，使得他這個在偏鄉平時默默無聞的牧者不幸過世的消息，登上了報紙的頭版頭條。

他是在讀高中要上大學的時候，發現自己是個同志的，有努力嘗試過改變自己。他交過幾次女朋友，每每關係要再進一步發展時，他就發現自己不行再這樣下去，而不得不放棄。但他始終沒有辦法消除、抹去自己的性傾向，所以他開始自暴自棄。他酗酒，數度在街邊嘔吐，露宿在大馬路上，直到隔天天亮。出於痛苦，在他畢業後，縱使部落和家人期待這個唯一考上台北知名學府法律系的年輕人去考司法官，去考律師，但他選擇放棄，回到部落的國小當代課老師。可是，連國小的校長都帶著他去和廠商吃飯拼酒。他發現自己從一個痛苦躲開，反落到另一個更深沉的痛苦中。他想拯救自己，所以，來到玉山神學院就讀。

我們今天在座的，有不少他的老師、他的同學，接下來的故事，你們應該都知道。他去了一個極其偏鄉的部落牧會。平時，他的牧師館，是部落小朋友下課去玩耍的地方。主日早上，他一個人在教堂裡像陀螺一樣，忙得不可開交，又講道，又司會，又司琴，又收奉獻。主日禮拜結束，別的牧師可以休息，他還得去幫部落的老人家煮飯。

他從家裡開車往教會的路上，會經過一段山路，他每次開到這裡就會打電話給我，聊事情。有好幾次，他聊著聊著，便提到「有一天，他要讓大家都知道」。他始終沒來得及讓大家都知道。他過世前，什麼都沒有說，他害怕。我也害怕，在他過世十多年後，我依舊害怕，因為我希望他在大家心裡留下的印象都是美好的。

請問，單單因為他是同志，所以，你們覺得，他稱不上是一個好基督徒嗎？單單因為他是同志，所以，你們覺得，他為部落、為教會的擺上與奉獻都不算數嗎？你們會如何用他的生命故事來做神學呢？

我不期待你們現在就對挺同或反同做出抉擇，但我期待，至少教會停止對立，停止傳遞謊言，或使用抹黑的方式，來處理同志的問題。同志基督徒，是我們的弟兄姐妹，他們就活在我們當中。

包史篤先前所提出的疑問，他心裡早有解答：「我們需要更多有見識、有學識、對新時代的歷史發展能夠掌握理解的牧者，以及接受良好信仰教育的新一代信徒！」他又說：「啟蒙運動對我們的重要提醒是，我們比以往更迫切需要以溫和、理性、寬容的態度，來對待其他的宗教和文化傳統。」

反省思考，需要時間，需要肯努力閱讀思辨，更需要真誠，方能面對信仰在現今這個世代所可能遭遇到、來自不同學科，乃至於社會環境的變遷所帶來的衝擊和挑戰。弟兄姐妹，不管是挺同或反同，我們準備好自己了嗎？

（本文為二〇一六年十一月廿四日玉山神學院週間講道稿）

未來有上帝在掌權

經文：「耶和華啊，你所造的何其多，都是你用智慧造成的，遍地滿了你的豐富。那裡有海，又大又廣，其中有無數的動物，大小活物都有。那裡有船行走，有你所造的鱷魚、游泳在其中。這都仰望你按時給他食物。你給他們，他們便拾起來，你張手，他們飽得美食。你掩面，他們便驚惶，你收回他們的氣，他們就死亡歸於塵土。你發出你的靈，他們便受造，你使地面更換為新。願耶和華的榮耀存到永遠，願耶和華喜悅自己所造的。他看地，地便震動，他摸山，山就冒煙。我要一生向耶和華唱詩，我還活的時候，要向我　神歌頌。願他以我的默念為甘甜，我要因耶和華歡喜。願罪人從世上消滅，願惡人歸於無有。我的心哪，要稱頌耶和華。你們要讚美耶和華。（詩篇一〇四篇24至35節）」

弟兄姐妹，平安。

經過了一學期的努力，終於，我們來到了學期的末了。這些日子，從班到系到族群團契，乃至於牧羊會，同學們開始了歡送的餐聚趴，珍惜彼此在一起學習的時間，同時，也祝福未來各自航向的不可知未來。

「未來，究竟會是怎樣的呢？」不知道你們心裡有沒有這樣的疑問。

我想跟你們分享一下我最近的反省。

就是最近，我也才剛歡送了一位畢業的朋友。是交往近十年的老朋友了。我們開始做婦女神學的同學，大約在二〇〇六年之間。那時我還在讀博士班，在台南神學院的神學與文化中心兼職，當助理研究員。辦公室位置，跟一般的行政職員分隔在二地，一般職員在靠東門路路口的大樓中辦公，而我則很幸運被安排在近青年路的彰輝館刻意隔出的一間小房間裡。

彰輝館是為了紀念台南神學院的院長、曾經擔任世界神學教育基金會總幹事，日後並發起「台灣人民自決運動」的牧師黃彰輝而命名的。房子是日本二層樓的木造建築，是台南難得的景點，算得上是古蹟。門口有一顆大樹，樹下布置了數張桌椅，可以供人們閒暇時，三兩成群在那裡歇腳抬槓用。老房子，進門，得先脫鞋，腳一踩上地板，便能聽到木頭喳吱喳吱作響。

一樓穿堂的牆面上，掛了好多張黃彰耀的相片，從他坐在母親的懷裡，到上小學、中學，一本正經地對著鏡頭，到他後來出國留學一派英姿煥發，挽著家人朋友，望向前途似錦的未來。

一週有三天，我得隻身從台北下到台南，在那裡寫稿，籌備研討會，和策劃工作坊。中午午休時，我常常站在那裡看著黃彰輝一生的相片，彷彿也以某種方式參與在他人生中一樣，慢慢踱步，直到他佝僂著年老的身影，消失在牆面的另一頭。那時，我總會非常的感慨，人這麼長的一生，沒幾步路就走完了。

我的那位老朋友，王貞文，那個時候剛回國，研究室剛好也位在彰輝館，就在二樓樓梯口的轉角邊。不知道為什麼，我在那裡上班時，經常碰不上她，僅有的一次碰面，她親切地問起我在台南工作生活的情況。她有一種令人放心的氣質，能夠讓人很自然地說出自己心裡的事。我於是提起彰輝館如何像我小時候的舊家，還有我如何常在午休空檔在黃彰輝的相片前或踱步或佇足凝思的事。我告訴她，這是我一個人待在彰輝館，最喜歡做的事。

「為什麼？都在想些什麼？」她頗有興味地問。

「你知道，把一個人幼年和老年的照片並排，會造成很多觀者強烈的心理衝擊，覺得人生果真太短，而變化實在驚人。看著照片，我不免會想，原來黃彰輝以前也這樣小過，原來這是他上中學時長這樣子，原來他步入中年時做過這麼多的事，然後……」我停了下來，有點猶豫是不是要講出來。

「然後怎樣？」

「然後，我會想到他死了，他的人生完成了這麼多的事。而我也會死，在我死之前，我能夠完成多少事？」死亡，是許多人極為避諱的話題，一般人很少分享自己會想到死的事。提到這樣的話題，多半是彼此很是相熟的人。我話說出口，便有點後悔，交淺而言深，覺得自己說太多了，也怕她會不自在。

沒想到，她神色自若地回道：「是呀，我們都會死呢！」一邊點頭含笑，一邊認真地打量起我。彰輝館的穿堂沒有開燈，全靠著外頭熾熱的太陽折射來取光，但我猶記得，看到她一副心領神會的靈動眼神。

我們第一次深談，講的就是死亡。而我們並不真知道，死亡離我們這麼近。我們還沒有機會一起讓歲月白了頭髮，還沒有機會在台南神學院的樹下相遇，坐在彰輝館門口的樹下，回首人生的點點滴滴。

她從人生畢業前，修了一門很重的課，與癌症搏鬥。課越重，她越認真投入。因病離開神學院教職後，她全心做起了無教會的牧者，身體力行起「做信徒夥伴，而非老闆」的婦女牧養。

二〇一三年起，每逢聖誕節或是新年，臉書上關心同志的團契，就會安排聚餐，提前在過年過節這種考驗人生成敗的關鍵時刻，替那些同志基督徒打打氣。碰面時，她從不提自己的病，總是滿有興味地，跟著大家一起吃喝，享用美食。聚餐結束後，她也會領唱，並且主持聖餐儀式。無所求，沒有任何牧者的扮勢，她無形中成為這些同志基督徒的好牧人。

她鼓勵他們不要對不能理解的家人失望，總說：「當同志基督徒選擇出櫃，就是他們的家人被關進櫃子裡的時候。」有團契裡的同志被教會拒絕時，她就會罕見地霸氣回應：「沒關係，我這個牧師挺你。」她在病中，自己仍帶了一個友善同志的查經班，叫「南方小帳棚」。有一陣子，就像所有查經班會遇到的難題一樣，大家都忙，忙工作，忙家庭，來得三三兩兩，但她仍舊樂在其中。提到大家來得有一著沒一著時，像是講到自己的親人一樣，她還會用開玩笑的口吻，模仿契友不好意思請假的模樣：「要從高雄搭火車過來，好累喔！」

我們一處南，一處東，不大有機會見面。常常，透過臉書上的交流與分享，我對她的認識更深一層。最受感動的，是她在醫院診療間和同病相憐的朋友們相互交流打氣的隨筆。她這樣描述自己病中的體會：「我曾經病到幾乎無法呼吸，得靠著氧氣罩救命。能夠自由呼吸是多麼有福啊！所以我現在，對能夠呼吸這回事，總是充滿感謝。重新可以自由地呼吸，就像預嚐復活的喜悅。」

在她的網誌中，她用極短的一句話來做結，至今讀起來，仍舊覺得非常有貞文的味道：「我與學弟坐在那裡，衷心盼望復活的時刻。善與惡的交戰就要結束，苦難止息。」

是淡淡地，靜靜開著的，深山裡的百合花的味道。

回想起來，我們的確有在陽光下坐在一起過。那是我最後一次見到她。我去參加大專神學營，順道跑回台南辦事。在神學院遇到鄭仰恩牧師，聽他說，她如果身體好些，下午也會來開會。為了等她，我先去朋友家中小坐，之後，便請朋友領我到開會的地點，看能不能撞見她。我大剌剌地闖進會議室，只見她隨和地起身跟我出來，坐在教師宿舍前的矮牆上。十年後的她又問起我最近生活的近況，像十年前一樣，是很家常的閒聊。陽光很燦爛，透過葉片灑了下來，樹蔭像有著點點繁星的夜空。會是因為陽光的關係，她看起來不像病弱的樣子，氣色很好，臉頰還很紅潤？她坐著，聽站在對面的我，講起最近發生的事，微笑著，不時點點頭，說：「能這樣坐著曬曬太陽真好。」

能跟她這樣在一起曬太陽，真好。現在我真的體會到，那是祝福，是人生難得的機會，以後再也不會有了。

有，也要等好久好久以後了。

弟兄姐妹，是面對死亡，這一種形式的徹底畢業，讓我不禁想起來了彼此交錯的過去，和不可知的未來。

「未來，究竟會是怎樣的呢？」

今天我們所讀的經文所描述的世界是這樣的：「那裡有海，又大又廣，大小活物都有。那裡有船行走，有你所造的鱷魚游泳在其中。這都仰望你按時給牠們食物。你給牠們，牠們便拾起來。你張手，牠們飽得美食。你掩面，牠們便驚惶，你收回牠們的氣，牠們就死亡，歸於塵土。你發出你的靈，牠們便受造，你使地面更換為新。」

那不是一個太平的世界，因為描繪到凶惡的鱷魚，在潛游在其中。鱷魚，其實是巨獸（**Leviathan**），是迦南神話中的怪物，古代的惡龍。那更不是一個沒有死亡的世界，因為詩人講到上帝收回氣息，大小活物終將歸為塵土。但那個世界絕對不虛無、絕望，而是生生不息的，上帝，賜下祂的靈，世界因而受造，萬物時時更換為新。

死亡，在今天我們所讀的經文裡，並沒有被看作註定是悲劇一場，或是罪惡不可避免的結果。正因為它是更新創造的過程。所以，詩人說：「願耶和華的榮耀存到永遠！願耶和華喜悅自己所造的！」而他一生都要向耶和華唱詩：「我還活著的時候，要向我的上帝歌頌！願他以我的默念為甘甜！」

經文是如此生意盎然，無怪乎，加爾文評論這篇詩篇時，會這樣肯定地說：「它是用來加強我們對未來的信心的，使我們活在這個世界上，不至於一直在懼怕與焦慮之中。……上帝樂意以溫柔疼愛祂的孩子，並且慷慨地餵養他們。」

弟兄姐妹，這就會是我們未來的樣子，不那麼太平，也終將面對死亡，但我們卻總能盼望上帝成為我們即時的幫助，患難時的依靠，那活命的水泉叫大地時時換新，直到上主令那些睡了的人復活的日子來臨。

在那之前，且讓我們這些還活著的人，不沉溺於憂傷，反倒能夠更多學著因上主而歡喜，像詩人所說：「我的心哪，要稱頌耶和華！你們要讚美耶和華！」

（本文為二〇一七年六月六日玉山神學院週間講道稿）

第三部

雜記

讓他們都聽見

我的第一個同志牧者朋友，曾經在一個夜晚打電話來，向我又哭又笑地自嘲他最私密、最掩藏的自我認同傷疤。他說，他好想在某個恐同的場合忿怒地告白。他說，他最終沒有這麼做，只能期許，有一天，他不再只能對著我一人唱，「讓他們都知道，讓他們都知道」的歌。

他沒有等到那一天。他解脫了，到了另一個更美好的世界，再也沒有願望要實現，也不再會因受挫而痛苦……。

但我活著，一年復一年，記得他生前最大的心願。

往事從來並不如煙。這時，或那時，我會讀到他的心聲，在字裡行間，爬梳身心障礙者如何在安置機構遭性侵，遭去性化，無助地困在受歧視的身軀中；在彼處，或哪裡，我會看到他的身影，當眼前受訪的身心障礙者，訴說自己如何渴望愛，渴望親密關係，渴望成家，卻無力也不敢採取行動……。

我默默地重拾他的遺願，那宛如來不及豐收而橫遭割除的稻田禾穀，重新栽植在胸臆的一畝方塘中，等待來春，當冰凍的冬雪終將消融的時候。

二〇一一年，時候來了。台南啟聰學校集體性侵案喧騰一時，我再也不願意沉默。劍玲和國偉受邀來參與女聲神學工作室辦的「算帳與爭權：身心障礙者的婚姻、性與生殖人權研討會」，我喜獲神學道路上的夥伴同行。之後，分隔二地，我們有了更多相互的砥礪，終於，看到他們結合了香港朋友們一同編採的作品，即將出版。

在基督教會的聖經詮釋與神學建構的理想道德框架中，有許多的生命故事遭到無視，被看為輕賤不堪，而不被接納是團契生活的一部分，不被承認是教會歷史的構成要素，更無法與救贖的福音相連結。

如果這些真的只是些不願入耳的故事，就好了。偏偏他們也是生命，是在夾縫中努力掙扎的真實生命。這些生命的渴望不受祝福，不被允許，被認為是罪，是要不得的東西。光是承認他們的存在，就對教會以及社會構成了威脅，或者，至少是冒犯。也是因為如此，我們在歷史中會讀到，在德國納粹時期，藉由法律、政治、教育、經濟，乃至於醫學種種手段，他們的身體，如何做為欲望的載體，能拘禁，便拘禁，不能拘禁，就割除。

彷彿社會文化加諸的重重障礙還不夠，最好在整個生命存在上，能夠更進一步的缺損，以致於徹底的失能。於是，在我神學院班上，發生了這樣的故事。「有位高齡的女神學生，有一位輕度智能障礙的二十多歲兒子。帶著孩子的單親母親，白天送孩子去教養院，趕來上課，晚上還要一邊照料孩子，一邊趕課堂報告。有一週，連續好多天，她都沒有來上課，一問之下，才知道孩子在教養院遭其他男院生性侵。她很難過，問我：『為什麼都已經這樣可憐了，還有人要欺負她們孤兒寡母？』我安慰她，同時問她：『孩子成年了，現在又發生這樣的事，日後打算如何面對孩子的性需求？』她告訴我，一直以來，她和她的教會都在為孩子禱告，希望他沒有性慾，但這件事後，看得出孩子開始對這件事很好奇，她決定為孩子轉院，並且她和教會都會繼續求上帝，讓他這輩子沒有性需求，徹底忘掉這件事。」孩子有智能缺損，再祈禱上帝讓他性無能，這竟然可以正當化成為基督徒和教會面對身心障礙者性權的信仰實踐？

面對這些身心障礙者的生命，基督教的神學不能也不該裝聾作啞，有責任說清楚講明白基督教性倫理應該如何務實地回應他們的需求及處境。《有愛無陷》這本書的出版，讓這些慣於無視迴避的他們都知道，是讓港台二地教會及社會正視這個問題的第一步。誠願上主紀念參與這本書的香港基督朋友的攊上，讓更多的人能從中獲益。

我在另一個世界的朋友，你也聽見了嗎？

（原文收入二〇一五年初香港婦女基督徒協會出版的《有愛無陷》一書）

跨島越嶼一線牽

香港和台灣二地婦女神學的結緣始於一九八〇年代。

台灣第一代的平信徒婦女神學家高天香和她的夫婿由於名列黑名單，不得不選擇在港工作寄居。那個時候，香港因為是華人世界唯一未受到威權政府高壓統治的樂土，各種新進的學術思潮紛紛大鳴大放，西方的女性主義神學也不例外。之後，高天香及其夫婿獲台灣基督長老教會之邀，返台任教，研究教學之餘，亦開始了台灣教會婦女神學的紮根工作。

就這樣，分隔二地的島嶼，因著推廣華人婦女神學的共同使命與異象，串起了姐妹情誼。

在這樣的普世運動脈動下，我是幸運的，在二〇〇〇年甫開始鑽研婦女神學時，便有幸結交不少香港年齡相仿的好姐妹。不過，很可惜，那時候，我還不認識露茜。

二〇〇四年，台灣正逢總統大選，社會輿論因著陳水扁槍擊案的發生沸沸揚揚。那是台灣社會面臨信任危機的時刻。其實，那前後數年，也是我的人生最關鍵的時刻。拒絕再將就自己根本不適合的「第二」性別，不願意再當個傳統父權教會及社會眼中的「好」女人，我經歷了一場極其「慘烈」的家變。

常感覺孤單，常關起門來掉眼淚，沒有多少來自教會朋友的真摯關懷，閱讀和書寫成為無數個暗夜裡翻騰起伏的情緒唯一的出口。就好像是一個倉皇落水的人，我伸手慌亂地拍打、掙扎，想要找到一塊可以攀住支撐自己的浮木。那時，第一次我認識做為香港婦女神學家的胡露茜。一個勇敢的女性先行者的身影，浮現在白紙黑字的字裡行間。

「我是胡露茜」。沒有想到真的後來會突然接到一通電話，感覺既熟悉，又陌生。「我們可以見個面嗎？」沒有想到真的有機會，二個素不相識的人能夠面對面地坐下來講話，看似生份，卻親切得很。

在那一個總統大選後的日子，在她下榻的旅館裡，內心積壓了好久的話語，傾瀉而出。很自然的，並沒有一絲的勉強。

後來我才發現，這樣自然生發的信任感，都是源自於露茜做婦女神學的身體力行。一直以來，她所做的不是口惠而不實的「好女人神學」，而是勇於打破性／別刻板印象與框架，積極結合理論與實踐，真實地去關懷周遭每個個人真實生命成長及牧靈需要的。

露茜長期關懷性少眾的處遇，成立「性神學社」，出版「人性」系列書籍，從婦女神學大膽跨入酷兒神學的範域，在保守的香港的基督教會裡，成為一個備受爭議的人物。據說，一些在政治立場上「開明」、「先進」的香港社會運動人士，往往不明白，為什麼她在講追求自由與民主的同時，非得和性少眾的人權議題掛勾，甚至當面不客氣地和她直說：「要是你不在，我們談事情就容易多了。」

近年來，由於港台二地抱持宗教右派立場的保守教會勢力集結，抗議她在崇基神學院任教的匿名黑函，甚至一度漂洋過海寄到我所任教的、地處偏鄉的玉山神學院來。我不禁為她的處境擔憂，但每每遇到她，談起此事，她總是一副「橫眉冷對千夫指，俯首甘為孺子牛」的態度，三兩句話便談笑帶過，絲毫不以為意。

二〇一三年，多元成家的議題成為台灣當紅的課題，來台短期講學的露茜居中牽線，我認識了一些同光長老教會的朋友，也開始和她們有讀書會，一步步涉入原本無意捲入的婚姻平權的爭議。

有露茜做前車之鑑，不必想都可以預見自己將會面對什麼教會內的反同壓力，更何況，這根本不是做為異性戀的自己的戰場，向來膽小怕事的我，坦白說，也有過做個「好女人」的誘惑。然而，我記得自己當年怎麼開始做婦女神學的，和露茜是怎樣認識的，也因此無法背棄周遭基督徒同志朋友的信任。

做為第二代的平信徒婦女神學工作者，近來在一次普世教會協會舉辦的會議中，我被人問及，自己是否有受到什麼台灣婦女神學前輩的指導或提攜過。我仔細想想後，誠實地回答：「沒有。自己開始做婦女神學的那一年，恰恰是高天香因罹患阿茲海默症從台灣神學院退休的時候。真正要說我受到什麼婦女神學先輩的影響或幫助，那大概就是露茜了。」

即將退休的露茜，卻永遠學不倦，下田務農、拉起二胡，好奇地持續探索這個世界和嶄新的自己。能有機會為她的文集《我是教會的一根刺》寫序推薦，是我的榮幸，盼望上主藉著她的作品，持續幫助港台二地追求民主自由的神學人、基督徒，和眾教會。

（原文收入二〇一七年底香港基督徒學會出版的《我是教會的一根刺》一書中）

性／別，說好的自決呢？

香港和台灣的距離，據說約有七百一十五公里遠，然而，「體感距離」其實比起想像的近的多。香港的雙性人細細老師甫出自傳，剖析成長的心路歷程與在基督信仰裡重生的體會，這廂台灣《鏡週刊》專欄「鏡相人間」便去專訪了自稱為「陰陽人」的邱愛芝。而「鏡相人間」的專訪甫上網媒沒多久，就因著系列報導不單使用「陰陽人」的稱呼來指稱邱愛芝，更以此涉及污名化的稱謂泛指所有的雙性人，而引發台港兩地圈內人的熱議。

是陰陽人還是雙性人？

氣忿忿的臉友這樣嚴正地抗議：「我們雙性人群體，不接受被稱呼作陰陽人這污名稱號，請給予雙性人尊重！對於自稱雙性人的某人，明知眾多雙性人及家人，都恨惡這陰陽人稱號，並受到傷害，某人卻仍自居雙性人代言者，堅持使用陰陽人稱號代表雙性人，我們感到極為憤怒！我們在此發表嚴正聲明，陰陽人稱號，只是某一人的自我稱號，雙性人群體都不接受這傷害我們的污名，明鑑！」

持平來說，Intersex，一般翻作「雙性人」，不同於更具有生物醫學意涵的名稱「雌雄同體」（Hermaphrodite），更不涉及中國哲學傳統所謂的陰陽概念，翻作「陰陽人」，委實不是一個適切的翻譯。猶有甚者，連華人世界只有一個願意自稱為「陰陽人」的邱愛芝，都不得不承認，它有貶抑的意涵，「酷兒（queer）一詞原本也是貶抑的，後來才翻轉，我相信只要持續發聲，陰陽人也能夠翻轉，成為純粹的名詞。」

但問題是，豈是所有帶有污名化意味的名稱都可以翻轉？果真如此，為什麼我們現在不用「瘋癲」去指稱精神障礙者，不用「番仔」去稱呼原住民？當華人世界的雙性人普遍都以「陰陽人」是極不好的污名，拒絕接受這個名詞時，藉由傳媒的力量，將其強加在其他雙性人身上，究竟多少正當性可言？這與異性戀霸權的手法有何不同？更何況，就運動策略而言，此舉恐怕也弊多於利。「藩籬之外」的細細老師便指出，「陰陽人」在華人文化中，帶有陰陽怪氣的負面聯想：「拿著這個被強加的污名去美化和糾正，這樣的策略完全錯誤，學者稱這是『立污名、去污名』的策略，是下下之策。」

是陰陽人還是雙性人？

可是我們要如何接納、如何平等看待雙性人？必得從傾聽他們的生命故事開始！而這絕不能出於一種獵奇的心理，否則便淪為桑塔格（**Susan Sontag**）在《旁觀他人之痛苦》（*Regarding the Pain of Others*）中所批判的，我們對於「令人反感的吸引物」的強烈興趣是出於一種卑劣的人性欲望，注視，因而是一種違反倫理的行為，是一種視覺上的侵犯，一心想著這不會是我，卻在別人的不幸中獲得滿足。思卡瑞（**Elaine Scarry**）則進一步把觀看的倫理奠定在觀者與被感知者互動的契約關係上，也就是說，透過觀看，二者之間建立起「承擔起視覺見證，活化人類同理心」，進而產生一種注視的互動關係上。

可惜，目前大眾傳媒對於雙性人的報導，往往集中在他們的身體或所接受的醫療處遇，或是特別著墨在他們如何接受文化的性別規訓，學著成為男人或女人的歷程。前者是將他們歸類為醫療模式下的殘障範疇，後者則是把他們納入酷兒研究的框架下。光從這二種進路來理解雙性人的生命，很難不把他們當成奇人異事來採訪，縱使文末加個「其實陰陽人也是一個標籤，這個世界應該要包容，只要是一個人，就應該被接受」，也無力翻轉閱聽大眾的偏見。

與之相反，由香港明報出版的細細老師的新書《性別告白——當我提筆寫「他」》則另闢觀看的蹊徑，在自序中，他這樣指引著讀者：「看這書會讓讀者感到很沉重嗎？不會的。我的童年的確是一個傷痛的經歷，我的人生，也可以被定義為一個痛苦的人生。但事實卻不單如此，除了痛苦的一面，我也曾為自己製造過不少快樂，……若你看我的童年傷痛故事時感到很沉重，請直接跳去後面的章節，還有很多值得你參考的。」

細細老師自覺或不自覺地採取了某種「視覺行動主義」的運動策略，

藉由把自己的「歧異」放在「相同」的人生框架下，指出雙性與一般人其實相同之處遠多於相異處，使得讀者無法「錯認」，誤以為他們的人生不值得活，從而得以接受包容過去遭貶抑的生理性差異，進一步產生出某種道義感，願意與他們一同打造一個更公平正義、接納異己的世界。

也是過度醫療化的身體

書裡當然有述及自己出生時的性器官及其後接受的無止盡醫療磨難。他出生雖有一條小肉，卻沒有睪丸，肉裡沒有尿道，尿道口之在會陰部，在不能確定是男是女的情況下，醫生宣布他「有病，性器官有缺陷」。

但在這種情況下，受到重男輕女的漢文化影響，醫生和父母早已深信他會是男孩。直到六個月後，終於發現睪丸的蹤影，連進一步檢查是不是真的的過程都沒有，便為他下了「隱睪症」和「尿道下裂症」的診斷，就此開啟了他從八歲到十三歲接受二十次性器官手術的童年。

沒有人問他想當男還是女，沒有人向他仔細地解釋手術的風險與利弊得失，和他討論治療的方向與進程。小小年紀的他，便得承擔醫療不當及醫院行政程序的疊床架屋。一次，為了動個手術，等醫生用午飯、去看別的診，餓了整整四天，後來連喝水都會吐，甚至，手術到後來，二腿間那小小的一條肉，這也是孔，那也是孔，尿起來像花灑一般。

但他述及悲傷的情節時，不忘提及他住院生活期間的童趣。像所有生病的孩子一樣，他難忘自己被當成實驗品給各國醫生檢查後，午餐得以罕得吃到的大雞髀作為補償，跟著其他的病童給病房雜務的大嬸取名叫「霹靂無敵哥斯拉」。住院久了，他還當上漂亮的護士姐姐的愛情顧問和電燈泡，甚至在護理人手不夠時，充當小幫手，幫著巡房甚至為新病人作嚮導。

做男或女由也不由得人

書裡也是提到性別規訓這檔事。正是因為成為男人，在他並不是天生自然的事，所以，他頗下工夫觀察模仿，公園、教會都是他學習男人性別角色扮演的好地方。母親送給他鐵甲人公仔，他小心收在病床頭的小櫃中，每逢母親來，便拿出來作樣，讓她覺得自己很喜歡這個玩具。在學校，他因為需蹲著上廁所，男廁又沒有隔間，便不得不忍屎憋尿，避開同學在廁間的騷擾。青春期來了，他更把倪匡的《亞洲之鷹》奉為仿傚真男人的性別教科書，男主角英俊瀟灑、高大勇敢、艷遇多、性生活滿足，是他心目中的完美典範。然而，現實生活中的他，害怕追求他的女生，擔憂秘密揭露的一天，早就認定沒有人會真心喜歡像他這樣的人。

他也來過月事，每月有一次睪丸和小腹作痛，甚至會出現血尿。被當作是女性遭到性騷擾的事情，也常發生，以至於到了胸部開始發育的時期，他經常擺出抱手環胸的姿勢，或駝著背。在上工的地方，天氣再熱，他都不敢脫衣赤裸上身，更不敢和大家一起洗戰鬥澡。

這些經歷，讓三十歲為了避免長期用藥導致罹癌風險而轉性做女人的細細老師，更加能體會婦女在父權社會中遭遇性騷擾和經痛的情緒周折。當他把眼光放得更寬闊，便越發能去體諒同為社會壓迫下的親職，究竟是如何的難為。沒錯，他怪過母親把他生成一頭飽受歧視欺負的「怪物」，問過她如何捨得讓醫生在他身上動手術，但終究能以一顆溫柔的心，寬容一個年輕、來自低下階層的女性，被講成觸犯了妊娠禁忌，在當時，會是怎樣的惶惑無助。

於是讀者在字裡行間讀到的，是一個既平凡又不平凡的雙性人故事，便很容易產生了認同。縱使我們不都會成為雙性人，但誰人沒有秘密？沒有活在社會文化各式禁忌下的壓力？沒有各自懷著不為人知的苦情？或者不曾掙扎著追求接納與包容？為之動容的讀者，自然受到召喚，要去落實一個對雙性人更加友善的社會，很可能不再那麼渴望生兒育女，或者不是那麼只能肯定陰道歡愉，而願意欣賞雙性人的優點，與之為伴侶的。

再思身體的罪與拯救

誠如污名理論的學者高夫曼（Erving Goffman）所言，污名之所繫，關乎的不光是此字詞與彼字詞的可能聯想與言外之意，更緊要的關鍵在於社會文化，包括基督宗教在內，究竟如何看待所謂的「正常」的身體。

須知，基督信仰是非常身體的，上帝是按著自己的形象造人，基督道成了肉身，教會聖禮典得吃喝耶穌的血肉，教會更比擬作基督的身體，信徒自個的身體被說成是聖靈的殿，死後復活的則是屬靈的身體。無怪乎教會信仰傳統對身體慣常有著特別的執念，就是關於哪種身體才能充作合宜的上帝的象徵，哪種身體才是上帝施行拯救的恰當所在。

正因為身體如此要緊，神學家佩特森（Babara Paterson）一針見血地指出，如果基督宗教的救贖象徵是真正具包容性的，便需包含那些做為他者、遭噤聲的、被隱匿的另類身體敘事。

可惜，事實並非如此。那些瞎眼的、跛腳的、身體有殘缺的，由於不符合聖經裡身體健全主義的期待，申命記列了落落長的名單，說他們絕不可以進聖殿，一輩子都不是做祭司的料。而在刻板男女二性的異性戀父權架構下，先是女性的身體因為月事被視為不潔，而遭到看輕，後是同性戀的身體，因著性態（sexuality）的取向受貶抑，而被視為是犯了所多瑪的滔天罪行。至於跨性別？不消說，妄想以人為的方式改變上帝的命定，如同自殺一樣，根本就是強奪上帝造物的主權，是徹底的不信同背逆。

獨獨雙性人，給基督宗教出了個難題。上帝既然只造了男造了女，雙性人豈有上帝的形象？是否出於上帝的手？如果他們也是上帝所造的，那麼上帝不只造男造女，還造了雙性人，這樣一來，保不住 LGBT 也可能都是上帝所造的？如果上帝只造男造女，那麼雙性人便不是上帝造的，是別個存有造的，那豈不是在說二元或多元論神觀也是對的，連帶的其他的性／別倫理也都全有了形而上的依據？這是典型的兩難論證，左右都不是基督徒樂見的。

這並不是小問題，無法輕易給個護教學的標準答案。但這問題不小，還在乎這涉及福音的本質以及信仰團體的自我認同。一方面，雙性人的存在是個事實，若神學還一味只關乎那些擁有特權，被視為是體面的、正當的身體，便不能述及人類過去及未來如何與上帝關連的完整救贖故事，而這卻本是福音所要加以傳揚的。另一方面，信仰團體如何對待或牧養當中的弱勢者，涉及的是肢體間彼此相待所不可或缺的原則——平等與接納，藉此教會得以在世做為初熟的果子，體現上帝國的公義。這絕不是教會盡自己領人信主本分之外的，出於「善心」所做的「額外的事」，做不好也無甚要緊。

作者細細從自己的生命體驗出發，拒絕接受自己雙性人是因為罪的懲罰。縱使他因為不符合性別刻板印象，而遭教會排拒，彷彿獨自行走在曠野中的信徒，卻仍舊堅信上主是愛的上帝，在愛裡面無分彼此、無分性別。他勸那些因著異性戀性別意識型態而無法敞開心門接納他的教會，愛裡沒有執著，並且大膽使用加拉太書六章12至15節有關於行割禮的經文，勸誡基督徒，「不要假借基督的名，去滿足自己的體面，強逼別人行非必要的事」，「做男，做女，或做雙性人，都算不了什麼，重要的是要成為新造的人」。

雙性人耶穌，應該是整本書中，最令人激賞的神學主張。「瑪利亞沒有與約瑟性交便成孕了，在醫學上，這胎兒便不會有Y基因」，若耶穌只有一個X基因，或是三個以上的X基因，就有可能是雙性人，或是雙性人中的「超女」，就是特別傾向男性特徵的雙性人。

這樣的說法，與殘障婦女神學家艾斯蘭（Nancy Eiesland）所談的罪觀及上帝觀有異曲同工之妙。艾斯蘭以為，罪不是別的，正是基督徒及教會區隔並孤立了被邊緣化的身體。十字架上的耶穌，因著肋旁的傷及手足的釘痕，按著舊約是不配做祭司的，但偏偏靠著聖傷，成為麥基洗德等級的大祭司，彰顯了上帝的完全。她因此呼籲教會，放棄完全的身體神學意象，視之為「壓迫的神話」。

細細老師在書的末了，提到自己之所以能夠活下來，是因為有盼望，指望一個沒有肉體沒有疾病沒有情傷的天堂。其實，復活不在乎靈也在乎身體，在《基督身體中的性與不確定性：雙性人與基督教神學》（*Sex and Uncertainty in the Body of Christ: Intersex Conditions and Christian Theology*）中，康沃（Susannah Cornwall）指出，雙性人神學可以同殘障神學結盟，看醫治，不必再侷限於個人身體的「正常」，而是破碎關係的修復，而這才是日後復活身體所能帶給人的真正盼望。

既然復活的身體，恰如過去教父奧古斯丁或聖文德（San Bonaventura）所言，不論男女，可以仍舊保有性徵，那麼雙性人復活的身體也可以仍具有雙重性徵，只不過，不必被限制與束縛在原有的功能上。

或許，到那時，性／別終究可以自決了！

附錄

台灣〈宗教界支持同性婚姻立法之聲明文〉

多位跨黨派的立委日前於立法院提出婚姻平權法案，順利通過一讀，因而引發各界熱議。贊成或反對聲音皆有之，其中不乏動輒援引宗教經典做為立論的依據，甚至進行跨宗教動員以干預立法者。

然而，各宗教的傳統經典，本就包含諸多次級信仰團體教導的集結，內容多元而龐雜。在不同的時代，面對迥異的實況處境，各宗教亦會對經典做出多元觀點的詮釋。具有歷史性與脈絡性的交疊共識，也就是所謂的基本教義，往往需要透過長時間在宗教內、外的多方對話與省思，方能形成。而基本教義究竟該如何適用或指引現代社會，往往亦涉及各宗教傳統審時度勢的實踐智慧，無法單憑經典便可推導出來。任意引用傳統經典，來進行宗教內部的動員，非但無法解決多元性別婚姻平權的問題，反倒製造宗教內部、各個不同信仰間，乃至於宗教與世俗社會間，日益紛雜的意見對立與仇恨滋擾事件。

性傾向與性別認同，係構成個人身分認同所不可或缺。而個人出於自由意志，藉由婚姻，組建具有相互照顧義務之共同家庭生活，本係國家出於對人性尊嚴與平等人權的尊重，理應立法加以保障的重要權益。只承認異性戀而不承認同性婚姻，等於是在給一種歧視性的刻板印象做官方背書，說同性戀關係本身就不穩定，比不上異性戀，這是立基於偏見而嚴重違反平等權的社會不正義。

基於政教分離原則，我們呼籲，各宗教一方面應支持同性婚姻立法，俾能鼓勵個人及社會以負責任的態度來看待婚姻及家庭，讓寬容、公平和自由，能成為國家法律欲促成並保障的諸多「社會共善」，另一方面，亦應正視傳統及經典對於性傾向與性別認同存在著多元詮釋的可能，積極展開宗教內、外的對話，以便形成能切合當前處境、與時並進的信仰教導。

發起人

釋昭慧（前玄奘大學社會科學院院長）
楊惠南（台灣大學哲學系退休教授）
溫金柯（佛教現代禪淨土念佛會在家居士）
陳南州（前玉山神學院副院長）
鄭仰恩（台灣神學院歷史神學教授）
陳文珊（玉山神學院宗教系助理教授）

國家圖書館出版品預行編目資料

向左走向右走 ： 邁向台灣基督教的性/別/正義 / 陳文珊著. -- 初版. -- 台北市：前衛, 2017.12
288面；15×21公分
ISBN 978-957-801-831-0(平裝)
1. 基督教　2.宗教與社會　3.文集
240.16　106018604

向左走向右走

邁向台灣基督教的性／別／正義

作　　者　陳文珊
責任編輯　鄭清鴻
封面設計　盧卡斯工作室
出 版 者　前衛出版社
10468 台北市中山區農安街153號4F之3
Tel：02-25865708　Fax：02-25863758
郵撥帳號：05625551
e-mail：a4791@ms15.hinet.net
http://www.avanguard.com.tw
出版總監　林文欽
法律顧問　南國春秋法律事務所
總 經 銷　紅螞蟻圖書有限公司
11494 台北市內湖區舊宗路二段121巷19號
Tel：02-27953656　Fax：02-27954100
出版日期　2017年12月初版一刷

定　　價　新台幣320元

Printed in Taiwan　ISBN 978-957-801-831-0